북간도 하늘 아래서

김선욱 시집

시와사람

북간도 하늘 아래서

『북간도 하늘 아래서』를 상재한다. 일곱 번째 시집이다.

그동안의 작품들이 그다지 마음에 차지 않고 제 자리 걸음만 하고 있는, 여전히 졸시拙詩 같기만 하여 미루어 왔는데 마냥 미뤄둘 수만 없다고 생각했다. 그리하여 그동안 5,6회 정도 백두산 천지며 북간도, 연해주 등지를 여행하며 써 두었던 30여 편의 시와 함께 『북간도 하늘 아래서』를 엮어낸다.

시골 장흥에서 '홀로 삶'이 20여 년째이다. 나이 들며 이제는 하나둘 버리는 일이 일상이 되고 있다. 여기저기 쟁여지고 묵혀진 살림들도 하나둘 버리고 있다. 인터넷으로 구입해 쓰지 않았던 전자·생활용품도 부지기수다. 꼭 필요치 않을 듯싶은 책들도 버리는 중이다. 언제인가부터 서재를 넓히겠다는 생각도 했는데 이젠 그 생각도 접었다.

이제는 일상도 하나둘 비워가며 조금은 더 간출하고 단조로이 맞으려 부심하고 있다. 지금 같은 건강도 앞으로 어느 만큼 유지될지 염려되기도 하지만, 이젠 그런 생각마저 접고 편히 순응해 가고 있다.

언제인가 한승원 선생이 자신에 대해 "글을 쓰는 한 살아있고 살아있는 한 글을 쓸 것이다"라고 하였는데, 이 말은 내게도 같은 의미일 듯싶다. 한승원 선생은 나에게 "작가적인 생명력이 끝나면 다 끝나고 생물학적 생명력이 끝나도 다 끝나므로 이 두 생명력이 함께 존재하도록 유지해 오래도록 깨어있는 글을 쓰는 작가, 시인으로 여생을 살아가길 바란다"고 권면했다. 작가·시인으로서 의욕과 새삼 육체적인 건강에 대한 의욕도 일깨워 주었다.

이번 『북간도 하늘 아래서』 상재를 준비하며, 지금 이후의 내 삶도 여전히 '더 이상 잘할 수 없으리라 생각할 만큼 최선을 다하려고 애쓰겠다'는 다짐을 거듭해 본다.

이 시간, 내가 만났고 만나고 있는 아름다운 인연들(친구, 선후배, 동료, 학교 동창들, SNS 친구들…)의 한 사람 한 사람 기억해 가며, 그들 모두 빛나는 삶이 영위되길 기원한다.

2022. 11월, 정남진 억불산 자락에서

金 善 旭

북간도 하늘 아래서/ 차례

1부 · 눈물로 빚은 향기

2부 · 부끄럽고 부끄럽다

3부 · 핏빛으로 피는 이유

4부 · 사랑 너머의 사랑

1

눈물로 빚은 향기

백두산에 꽃이 피는 이유

— 백두산 꽃 1

소목小木도
바닥에 몸을 바짝 엎드려 기는
백두 천지에
작고 가녀린 희귀 산꽃들이
풍우 속에서도 꼿꼿이 피어나는 것은
깊고 깊은 한을
백두 몸뚱이 곳곳에 아로새겨진
깊고 깊은 상처를
숨기려는 자존 때문이다
사람들에게 짓밟힌 영기靈氣를
산꽃으로 끊임없이 피워내며
백두가 살아있음을
증언하기 위해서이다.

널 만나러 다시 가리
— 백두산 꽃 2

널 만나러 다시 찾아 가리
돌 틈 사이에도 단단히 뿌리 얽고 피어난 널 만나
네 춤사위 따라 너울너울 나부끼고
튕겨내는 음표 따라 목청껏 노래하리
두메양귀비, 바위구절초, 비로용담,
너희 이름 하나하나 목이 메도록 불러주리
목숨 사윈 끝에 향기만 남았다면
명복을 빌어주리

내 열띤 사랑으로 풀꽃이 되어 널 만나리
향기에 취해 낮잠도 자고
네 맑은 눈빛과 눈물도 나누며
풀꽃으로 흐드러지게 피고
풀꽃으로 외치고
풀꽃으로 일어서리

하지만 가닥가닥 찢겨발겨진
네 서러운 몸짓에는
한 치도 못 미치리니.

눈물로 빚은 향기

— 백두산 꽃 3

사랑이 때 묻을라치면 이슬로 멱 감고
천지로 나가 옷도 빨아 입고
소리꾼이 폭포수 굉음에 득음하듯
휘휘 감도는 바람 소리에 목청 다듬으며 기다렸다
내 몸이 흔들거리는 건 바람 때문이 아니다
미풍에도 흔들거리는 건 혹여
누군가 찾아 오려나 기웃기웃해서이다

몸이 흔들릴 때마다 고독하다
오늘은 해가 고개 내밀어 양지녘 바위에
속소리 하나 꺼내어 널어놓지만
누구도 곁눈질하지 않는다
무심히 지나치는 그대 등에 소리 하나 걸쳐 보지만
그댄 아주 등 뒤 사랑 따윈 생각도 못 해본 양
훽훽 털어내기 바쁘다
내 소리는 그대 등 뒤에서 펄럭이다
맥없이 무너져 내리고 노을도 저 홀로 무안해져
천지 속으로 숨어든다

고독한 자는 아무것도 주지 못한 자이다
진정 고독한 자는 제 삶도 다 내준다
이제 그대에게 줄 수 있는 건 향기뿐이니
이 세상 가장 아름다운 향기를 그대에게 선물한다

고산준봉 천지 변邊에 피어 눈물짓는 내게
신神은 어둠이 내리면 조용히 내려와
당신의 향기를 선물했다
안개비 내려올 때마다
그 향기 숙성시키느라 모습 감추었니라
이제 완숙한 나만의 향기
그대에게 오롯이 내준다

그대여 어느 날 향기
모락모락 피어오르거든 기억하라
내 눈물로 빚은 향기였음을
내 생이 그리 고독했음을.

아름다운 슬픔

— 백두산 꽃 4

세상에서 가장 큰 눈물샘 앞에서
고작 눈물 한 방울 뿌리고 하산하는 내게
비통한 기억 들추며 환하게 웃는다

사랑이 부족했다 자책하며
눈물 감춘 네 미소의 그늘이
하늘빛처럼 투명하다

다른 사랑의 날들이 오리니
그 사랑 눈물로 증언하리
내 삶이 사랑이고
사랑이 내 삶이라
속삭이는 네 슬픔이 진정으로 아름답다
슬픔도 이리 아름다운 것을.

지는 꽃도 눈물을 남긴다

— 백두산 꽃 5

사랑이 결코 덧없이 지진 않듯
너 또한 지는 찰나에 그렁그렁 눈물 한 방울 맺히니
찬연히 빛나는구나

한바탕 찬란한 생을 살다 지는
네 생이 마지막 찰나에 눈물을 토해내는 것은
다시 찬란히 빛날 생명의 씨앗으로
움 틔우는 환희의 눈물일지니
사라지는 것들이 다른 생을 예비하듯
지는 너 또한 다른 사랑의 잉태를 예비하는구나

네 마지막 눈물 한 방울
그 사랑 불씨 되리니
나 또한 종생終生에 이르면
맑은 눈물 한 방울 뿌릴 힘 비축해야 하리
사랑의 강에 흐를
서럽고 뜨거운 눈물을.

네게로 간다

— 천지 1

핍진한 삶에서의 도피가 아니다
아직 청청한 피돌기 남아있을 때
머릿속에서만 외치던 내 사랑
증언하기 위해 네게로 간다
가다가 지치면 낮엔 푸른 하늘 밤엔 북극성 우러르며 네 꿈 꾸리라
목이 타면 압록수로 목 축이고
발목에 힘이 부치면 백두대간 흙에서 생기 받으리라

오랫동안 내 사랑 키워왔으나
어찌하여 갈수록 미약해지니 어찌하리
이젠 네 사랑받지 않으면 절로 사위어지리니
두 무릎 꺾어지고 무르팍에 피멍 들고 으깨지더라도
오직 너 꿈꾸며 벌벌 기어서라도 가리다
몸뚱이 기진맥진해지더라도
가슴엔 내 사랑 활활 타오르리니
널 만나 네 품 안으로 풍덩 빠져들어
영원히 잠들고 싶어
네게로 간다.

무정한 천지

— 천지 2

네 그리워 한달음에 달려왔다
안개비에 얼굴 감추고 있지만
내 심장은 산 능선에서 뛰놀고
네 심장은 물속에서 뛰는구나
내 심장 네 심장 이어주려 했는데
네 얼굴 보지도 못 하는구나
굴곡진 세월이 건널 수 없는
벽을 만들었구나
호수 아래 잠들어 있는 흑룡에게
그리 꽁꽁 묶여
여태 잠든 채이구나

가슴이 무너져 내린다.

천지에 오르는 이유
— 천지 3

애초부터 하늘땅이 맞닿아
천지가 하늘이 되고 하늘이 천지에 머물러
까마득한 날부터 푸른 그리움을
태동시켜온 천지

모든 것은 흐르고 무너진다
영속되는 건 오로지 그리움뿐이니
인간의 삶이 이어지는 동안
천지간에 영속하는 건 그리움뿐이니

사랑 후에 오는 것도
살과 뼈도 다 녹이며
목숨 태운 뒤 끝에 머물러 있는 것도
영혼의 향기 끝에서 만날 수 있는 것도
반도 최북방 한 자리에 버티어 선 채
솟구쳐 오른 백두 봉우리들이
온 땅으로 싸질러 내린 것도
다 그리움뿐이니

백두가 겨레 역사를 태동시켜 온 연유도
사랑 끝에 다시 사랑이 시작될 수 있음도
그리움 때문이니

나 그리움 내디디며
다시 천지에 오른다
백두의 사무친 그리움 한 자락
가슴으로 퍼 담으리라.

백두산 천지에 오르다

— 천지 4

백두산 천지에 오른다 함부로 오르지 말라며 늘 비안개로 뒤덮여 허망히 발길 돌리게 하던 한민족의 나약함을 말해주는 듯 장백산으로 불리던 백두산 천지를 그리움에 겨워 뛰는 가슴으로 오른다 몽매 그리던 임 앞에 발길 돌릴지도 몰라 가슴 졸이며

초입에 들어서니 난데없이 자작나무 숲이 고개를 내민다
오랜 기다림에 지쳤다는 듯 여린 줄기들을 부산하게 떨어댄다
뜨거운 것이 북받쳐 오른다
허옇게 발가벗은 채로 저립해 있다
지은 죄 없어 의연히 치켜 올라 하늘과 손잡노니
부끄러움은 죄 있는 자의 몫이다
기다림은 삶을 순결하게 한다
대상 없이 한없는 기다림은 더욱 그리움을 부른다
죄 모르는 그들이 할 일이란 오로지 기다리는 일뿐이어서
그들의 순백한 기다림이 내 가슴을 울린다

산꽃들도 환호작약하며 반긴다

하늘매발톱꽃, 노란만병초, 바위구절초,
어수리, 곰취, 조밥나물, 삼잎방망이, 개구릿대…
하늘 아래 화원이 한 치 두 치 부끄러움을 씻겨낸다
2368개 돌계단을 힘겹게 타 올라 몸을 추켜세운다

푸른 천지가 누워 있다
투명한 알몸으로 하늘을 우러르고 있다
눈시울이 뜨거워진다
금세 눈물이 터져 나올 것 같다
통곡하는 사람도 기도하는 사람도 없다
천지 배경으로 이런저런 사진 찍느라 부산하다
천지는 한낱 관광지일 뿐이다
속울음이라도 북받칠 만도 했던 나는 간신히 눈시울을 적셨을 뿐
어느새 메말라 버린 자신이 부끄러워진다

엎드려 땅에 입 맞추고 등을 돌린다
서슴없이 산 밑으로 내달으니
뜨거운 것이 목울대를 타고 넘어온다.

어이하여

— 천지 5

어이하여 지상에서 가장 높은 자리에 큰 못을 만들어 물을 그득 담고 있습니까

인간의 무시로 화가 솟구친 백두 흑룡을 물속에 잠재우기 위해서입니까

한 갑자 동안 북녘 땅에 눅진히 휘감도는 죄질을 형벌하고자 홍수 심판을 채비하는 겁니까

무지한 인간을 깨우치기 위한 임의 무량한 말씀의 보고寶庫입니까

하루 열두 번도 넘게 변덕 부리며 잦은 안개비를 뿌리는 이유는 무엇입니까

역사는 진실을 숨길 수 없음에도 사람들의 헛된 욕심으로 빚어진 거짓이 서러워 날이면 날마다 열두 번씩 가슴이 미어터지십니까

가슴팍에 쇠몽둥이 무수히 박아대고 이제는 정수리까지 파헤치며 몸뚱이 갈기갈기 찢어발기는 사람들의 짓거리가 원망스러워 시도 때도 없이 울화가 솟구치십니까

그 통한을 아는 이 없어
오늘도 가슴 에이는 임의 눈물입니까.

천지, 울고 있었다
— 천지 6

2015년 세한에 천지에 오르니
수억 년 비색의 신묘한 자태가 아니다
열없어 순백의 천으로 낯을 가린 신부다
곳곳에 허연 입김 토하며
순한 신부처럼 내게 안기니
가슴이 뭉개진다

무엇이 부끄러워 허옇게 분칠하고 낯을 가리었는가
여전히 온전한 낯 드러낼 때 아니어서인가
쇼윈도 미인 구경하는 듯한
사람들이 꼴불견이어서인가

아니다, 푸른 그리움이 허예지도록 기다렸구나
그도 아니다, 그리움 다 뿜어내지 못해 섧고 서러워
겹겹 빙결로 몸뚱이 가리고 속울음 삼키고 있었구나
하도 섧고 하도 목멘 울음이
쑤우 쑤우 포효하는 바람 소리 되었구나

그랬다, 천지는 울고 있었다

여름엔 푸른 그리움을 한껏 토해냈으리
이 겨울엔 허예진 그리움 토해내고도
통분이 넘쳐 비통한 통음을 뿜어내고 있으리
제 혼 묵힌 북녘 땅에서 한라산 백록담까지
만주 벌판이며 시베리아벌이며
저 바이칼호 알혼섬까지
차고 넘치도록 그리움 뿜어내고
그마저 미치지 못하여 이제는
쑤우 쑤우 울부짖고 있었다.

슬픈 눈물 샘

— 천지 7

이름도 빼앗기고 사랑도 잃어버려
허구한 날 그리움에 겨워
시시때때로 몸을 감춘 채
얼마나 아파하는지
속울음을 허옇게 내뱉는다

여기저기 나뒹구는 돌멩이도
처처에 엎드린 나무들이며 산꽃들도
등성이를 휘휘 감도는 바람결도
슬픔을 내뿜는다

그 슬픔의 올들은
하늘하늘 오르다 세상 가장 높은 곳
천지에 고이고 다시 밑으로 흐르고 흐르니

백두산은 세상에서 가장 큰 슬픔의 벽
천지는 세상에서 가장 많은
눈물을 담은 슬픔의 샘

그럼에도 나는
고작 눈물 한 방울 뿌리지 못한 채
죄인 되어 하산하고 있었다.

내 가슴엔 성지
— 천지 8

계시의 땅과
빗장 열린 하늘 사이에 둥지 틀었지만
눈물 세월의 굽이굽이를 관통하고
녹슬고 저린 소리들을
가슴 깊이 시퍼런 멍으로 쟁여온

그러나 나지막한 말씀이
지심을 뚫고 끊임없이 피어오르며
환한 날의 꿈을 키우는
하늘도 어쩌지 못한 통한의 땅에서도
은혜를 태동시키는
지상에서 가장 아프고 서러운 이름
백두산 천지

내 들숨 날숨 끊어질 때까지
가슴속 광휘의 성지로
아로새기리.

백두 천지에 오르려거든

— 천지 9

그대여
온 몸 여기저기 허옇게 부르터진 채
하늘에 기원하느라 높이 치솟기만 하는 자작나무 보느냐
서리서리 켜켜이 쌓인 아픔
간절한 백두 기원을 함께하느라 그러느니라
부석부석 부스러지는 시커먼 돌들을 보느냐
백두와 함께 있다는 죄로 아픔을 이기지 못해
자디잘게 부서졌느니라

그대여
백두 앞에선 서럽다 말하지 마라
오로지 백두 설움 껴안고 오르라
아프다 말하지도 마라
가슴에 통한이 맺혔을지라도
백두 아픔 품어 안고 오르라
비분강개도 하지 마라
무량한 천지 통분에는 티끌도 안 되느니

백두 온 땅에 묻힌 설운 목소리

고구려 발해 사람들의 울음소리
만주벌 치달리는 말발굽 소리를 들어야 한다
겹겹 산골 굽이굽이 산등성이 위로
휘휘 떠도는 서러운 넋들을 기억해야 한다

그대여
백두 천지에 오르려거든
이제야 찾아온 죄 뉘우치며
석고대죄하듯 올라야 하리라.

잠에서 깨어나라

— 천지 10

안개비 뿌리면
하늘 끝으로만 피어 올리던 돌풍의 장막 속에 갇혀
태초부터 묵히며 갈무리해 온 그리움
이제는 부신 눈물로 쏟아내며
잠에서 깨어나라

은혜가 말라버린 땅에
홀로 시린 등걸로 잠든 천지여
이제는 삿된 음역音域의 적막을 걷어내며
그만 잠에서 깨어나라.

백두의 경고 1

내 가슴이 부글부글 끓고 있다
울화통을 타고 넘어 울분이 치밀어 오른다
내 인내의 고통을 너희가 어찌 알리
참고 참음은 품 안 자식들이 나라 세우고 그 후인들이 여태 이 땅에서 연명하고 있음이라
그럼에도 너희는 이제 동북공정東北工程의 이름으로 내 자식들의 혼도 빼앗는구나
너희 헛된 욕심이 금도를 넘어서고 있느니라
몽골에서 위구르에서 티베트에서 얼마나 많은 사람들이 제 땅 빼앗기고 죽임당하며 아파했는지 아느냐
그들의 통분이 여태 귓전에 생생히 감돌거늘
내 자식 땅에서 내 자식들 흔적 지우며 너희 땅 만들기에 급급해 하더니 이젠 내 허리와 가슴에 생살 찢어발기며 내 숨소리도 죽이고 영기靈氣도 짓밟으며 한낱 너희 잔치판으로 만들기에 광분하느냐
너희 작태가 기어코 내 가슴의 분노를 키우고 있느니라
더 이상 내 분노를 자극하지 말라
내 가슴이 인내를 넘어 폭발하는 날 오리니
너희 족속이 쌓은 업은 결코 없어지는 것이 아니다

고래로 약자를 무참히 핍박하며 천리를 거역했던 제국은 다 멸망해갔음을 기억하라

소돔 고모라성의 징벌을 기억하라

내 분노가 더 이상 견딜 수 없어 폭발하는 날

천지에 잠든 흑룡 깨우고 너희 땅으로 폭풍을 불러 모으고 불기둥으로 너희 땅 죄 태우리라

내 분노를 더 이상 깨우지 말지라.

백두의 경고 2

국경 조약 체결* 때 타국에 천지 절반을 팔아넘겼으니
고작 반세기 영화 위해 반만 년 역사를 매판했느니라
남녘 사람 탐방도 틀어막고 내 몸뚱이 찢어발기도록 방치한 죄가 크다
내 이름 빼앗아가도록 방조한 죄는 더 크다
내 자존이 무참히 짓밟혔느니라
분노가 머리끝까지 치솟아 얼마를 더 참을 수 있을지

너희의 역사는 계대를 이어가며 너희가 책임지지만
너희 죄악이 극에 이르러 도무지 어찌할 수 없다면
서슴없이 너희 땅을 멸하고 새 땅을 만들 수도 있으리니
아비 심정으로 지켜보는 일이 언제까지 이어지리라 믿지 말라
한 사람의 의인이 없어 소돔성이 죄 멸했음을 기억하라

너희 중 성산을 지키려는 단 한 사람의 의인이 없다면
내 가슴에 끓고 있는 불기둥으로 너희 땅도 죄다 멸할 수도 있으리니

아직은 집 나간 탕아를 기다리는
아비 마음으로 너희를 지켜보노라.

* 국경 조약 : 1964년에 중국과 북한이 체결한 조약으로 정식명칭은 '중·조 변계조약中朝邊界條約'이다 이 조약으로 분쟁상태에 있던 백두산 천지와 두만강, 압록강 상류 지역에 대한 국경선을 확정했는데, 이 결과 백두산 천지를 북한이 60%, 중국이 40% 소유하게 되었다.

백두 폭포

천상의 언어가
세상과 첫 대면하며
수십 길 절벽으로 토해진다
억겁 세월이 묵은 깊고 깊은 심원에서
흐르고 흘러 운명처럼 거부할 수 없는
사랑의 언어로 토해진다
용솟음치는 열망을 안고 밑으로 추락한다
땅으로 추락이 아니다
하늘의 사랑이 내려올 뿐이다
낮은 곳으로 흐르는 사랑이
더 낮은 곳으로 흐르기 위해서이다
산산이 부서지는 건 장엄한 헌신일 뿐이다
제 사랑이 거부되고 무시당해도
오직 밑으로 흐를 뿐이다

하늘땅 울리는 사랑의 그 절규가
내 영혼을 뒤흔든다.

2

부끄럽고 부끄럽다

압록강 1

끈적끈적한 가슴 밑바닥에는
숱한 피 잠재우고
벌겋게 충혈된 눈에는
증언할 역사 흔적을 죄 끌어안고
드넓은 머리에는 새 땅 적실 말씀을 갈무리하고
이 땅과 저 땅을 경계하며
표표히 거침없이 흐르는

천만 년을 관류해 온 도도한 흐름에는
한 치 부끄러움도 없구나

증언할 시간이 무르익지 않았는가
아직도 껴안지 못할 낯선 시간이어서인가
말없이 등 돌리고 돌아눕는
압록강.

압록강 2

거무튀튀한 옷 걸쳐 입은 채
한쪽 다리는 잘리었고
한쪽 팔뚝도 뭉그러지고
등허리며 엉덩이 여기저기
수 없는 총구멍으로
숭숭 뚫린 채 누웠는가

하늘 보기도 부끄러워
물속에 얼굴 처박은 채
백년 고독이 밴 휘어진 등짝만 드러내고
그리 누웠는가

나 보기도 부끄러운가
돌아보지도 않는구나.

압록강 소녀의 눈물

압록강으로 유람선이 뜨자 북녘 강가에 열두세 살 남짓의 한 소녀가 망태기에 담긴 햇감자 씻으러 강가로 내려온다 가녀린 손으로 연신 무얼 달라는 듯한 손짓에 모터보트 멈춰 선다 담배는 되팔아 살림에 보탠단다 운전기사가 담배 줄 거니 받겠느냐며 수신호 보내니 돈을 헤는 간절한 손짓이 이어진다 빈 패트 병에 지폐 구겨 넣어 내던지려는 찰나 강둑에서 제 키만한 장총을 멘 어린 병사 어슬렁어슬렁 움직거리니 소녀는 화급히 단호히 거부하는 손짓을 훼훼 내젓고는 강둑으로 오르고 만다 뾰얀 감자 망태기 머리에 얹은 채로

소녀의 물기 어린 눈망울이
종일 눈에서 어른거린다.

두만강 변에서

오늘도 간단없이 흐르는 너만은 자유구나
이 세상과 저 세상의 경계처럼 서 있는 민둥산
그 너머는 보이지도 않는다

네 가슴은 꽁꽁 얼어붙었지만
얼음장 속에선 뜨거운 기운을 모으고 있으리
네가 바다로 흐르는 것은
누구도 막을 수 없는 너만의 자유
강 건너 이리처럼 날뛰는 바람도
네 흐름을 막지는 못하리
천만 년을 그렇게 흘러왔으니
이제 또 천만 년을 흘러가리

언젠가는 네 뜨거운 기운 받아
하얀 물새 되어
북녘 땅끝 하늘까지
훨훨 날아가리라.

두만강 푸른 물

두만강 푸른 물은~ 나이 들며 잊고 살았던 두만강 푸른 물을 처음으로 맞닥뜨렸지만 별다른 감흥이 일지 않았어 가이드가 행선지를 투먼[圖們]의 두만강이라고 말했을 때 가슴이 두근거렸지 사람들은 두만강과 북녘 땅을 배경으로 사진 찍느라 분주했지만 나는 한동안 우두커니 선 채 100여 미터 폭의 강과 강 너머 을씨년스러운 북녘 땅을 바라보기만 했어 나무 한 그루 없는 민둥산 김 부자 사진이 걸려있는 기차역 선전 문구도 보이는 자그마한 소촌이 강 건너에 말없이 엎드려 있었지 상상했던 큰 호수 같은 두만강이 아니었어 장흥 탐진강변을 보는 듯했어 전날의 폭우 때문인지 온통 흙탕물이었어

사람들이 두만강 광장 건너에 정차된 버스 쪽으로 가고 있을 때 근처 상가 어디선가 난데없이 눈물 젖은 두만강이 애절한 목소리로 흘러나왔어 그리운 내 임이여 그리운 내 임이여 언제나 오려나 노래 따라 흥얼거리며 한 걸음 한 걸음 내디딜 때마다 가슴이 울렁거리기 시작했어 그 울림은 어느 찰나 북채로 두들기듯 둥둥 소

리 내며 철썩철썩 파문을 일으키더니 머리통 끝까지 차올라 넘쳐흘렀어 간신히 버스에 올라 맨 뒷좌석에 앉아 앞 의자 등받이에 머리를 묻은 채 꺼억꺼억 토해지는 울음 덩이를 손바닥으로 가까스로 틀어막아 눈물을 흘려댔지 눈앞에는 두만강의 푸른 물이 넘실넘실 댔어 무엇 때문에 가슴이 울렁대고 눈물을 흘렸는지 그 까닭을 모르겠어.

민둥산*

땅에 쏟은 피 넘치고
지은 죄 하늘을 덮고도 남아
차마 하늘 보기 부끄럽다

나 홀로 속죄하며
비바람 맞아가며
민머리로 무릎 꿇고
앉아 있다.

* 민둥산 : 1990년대 중반 고난의 행군 이후 북한 주민들이 땔감을 구하기 위해 채벌하거나 뙈기밭을 일구면서 북한 전역의 산이 민둥산으로 전락했다. 이런 사실은 중국의 국경지역에서 보면 확연히 드러난다.

북녘 땅

한 발만 내디뎌도
맞닿을 땅인데도 까마득하다
어제는 남이 볼까 부끄러워
물안개 피워 가로막더니
오늘은 아지랑이 피워
그리움을 쏟아낸다

북녘 땅은
깊이를 알 수 없는
늪지
한 치 앞을 내다볼 수 없는
안개 속.

부끄럽고 부끄럽다

북간도 용정 하늘 아래 서니 죄수라도 된 양 하늘을
우러를 수 없다
평생 한 번도 잎새에 이는 바람에 괴로워해보지 못했다
아프게 별을 헤거나 노래하지도 못했다
죽어가는 것들을 진정으로 사랑해 보지도 못했다

빼앗겨버린 조국의 하늘땅을 붙들고 밤새워 눈물을 흘
릴 수 있었을까
적국의 감옥에서 생체실험 주사 맞으면서도 두 눈 시
퍼렇게 뜨고 항거할 수 있었을까
죽음이 찾아온다면 조국을 위해 십자가 지리라는 마
음을 다질 수 있었을까
'시가 이렇게 쉽게 씌워지는 것은 부끄러운 일이다'*
졸시拙詩만 줄창 써대는 나는 얼마나 더 부끄러워해
야 하는가

까맣게 잊었다
시인의 고향에 와서야
순정한 삶 불사르며 치열하게 투영시켰던

그의 시詩를 알알이 뒤적거리니
염치없이 살아온 생이 부끄럽다

스무 여덟 해보다 두 배도 더 산 생이어서 더더욱 부끄럽다
남은 생 전부를 오체투지五體投地하며 통회라도
할 용기도 없으리니 부끄럽고 부끄럽다

이역만리 칠흑 어둠 속에서
여리고 여린 가슴으로 비분을 삼키다 통한에 겨워 눈감았을
그의 절대 고독 한 올이나마
간신히 가슴에 새길 뿐이다.

* 윤동주의 시 「쉽게 씌어진 詩」의 "인생은 살기 어렵다는데/詩가 이렇게 쉽게 씌어지는 것은/부끄러운 일이다" 인용.

북간도 하늘 아래서

볼 에이는 고토 용정의 겨울
한풍에 흩어지는 천년 시간을 딛고 북간도의 하늘 아래 선다
'말 달리던 선구자 지금은 어느 곳에 거친 꿈이 깊었나'
나직이 읊조리니 목이 멘다
거친 산야 내달리던 말발굽 소리
고주몽 연개소문 대조영의 한숨 소리
고토 하늘을 떠도는 숱한 고혼의
신음도 귓가에 맴돈다
고토의 동토를 헤매던 선인들의
외로운 뒷모습도 눈앞에 어른거린다

일망무제로 창창히 흘러야 할 해란강
얼음장 밑에 몸뚱이 감추고 봄을 기다리는가
고토의 그리움은 죄다 땅속에 웅크린 채 화석이 되어 버렸는가
들불처럼 일어나 만주벌 지나 시베리아 대륙까지 갈기 휘날리며
두만강에서 압록강으로 송화강에서 흑룡강으로

치달리던 날들을 회억하며 묵시의 봄날을 기다리는가
수천만 됫박에 담아도 넘칠 눈물을 뿌리며
내달려 온 응달의 세월도
네 얼굴 할퀴고 살점 뜯기고 허리 잘린 채
뚝뚝 듣는 선혈로 물든 산하도 퍼질러 누웠는가

입 다문 채 두 눈 부릅뜨고 눈길 머무는 곳곳
눈 덮인 휑한 산야
한글 적힌 간판이 내걸린 건물들
발부리에 채이는 돌멩이 하나에도
겹겹 쟁여있는 통음을 가슴에 담는다

겨레의 고토여
흔적 더듬노라니
가슴 깊은 곳으로부터 울음덩어리가
울컥 울컥 솟아오르니 어찌하랴
이제 그만 어둠의 땅속에서 벌떡 일어서
퍼렇게 눈 뜨고 웅비하라
나 그대 오는 길에 버선발로 마중 나가리니.

태왕릉에서

산 넘고 물 건너 찾아오니
기단석은 다 무너지고
산돌들만 어지러이 흩어져 잡초만 무성하여
벌 나비만 찾는 돌무지 무덤으로 변했구나

망국의 허무가 겉만 훑을지라도
이 땅 밑동까지 지겹도록 사무쳤으리니
천년 세월을 뛰어넘어 홀로 역사를 증언하는구나
대지를 주름잡던 청청한 의기는 천년 바람에 산산이 흩어졌는가
천하를 쩌렁쩌렁 울리던 웅혼은 옛 고향 땅 밑에서 잠들었는가
산을 옮기고 강을 퍼올리던 옹골찬 기개는 어느 산하에 묻혔는가

옛것은 세월 따라 사라지니
옛것을 잊지 않으면 무용이리

망국의 흔적이 가슴을 치는구나

1300년의 세월 옛 땅에서 통한으로 얼마나 고적했으리
이제 후인들이 찾아오니 그나마 위로 받는가

후인들이 심히 미약하여
여전히 이국에 내버려둘 수밖에 없음에 통탄하느니.

* 태왕릉 : 중국 지린 성[吉林省] 지안현[輯安縣] 여산如山 남쪽 기슭에 있는 고구려의 기단식 돌무지무덤으로 광개토대왕릉으로 추정되고 있다. 능에서 발견된 명문전銘文塼 중에 '願太王陵安如山固如岳'이라는 돋을새김된 문장이 있어 '태왕릉'이라는 이름이 붙었다. 이 돌무덤의 동북 500m 거리에 광개토왕릉비가 있다. 명문전의 내용, 무덤의 규모(국내성의 모든 돌무덤 중에 규모가 가장 크다), 근처의 건물터, 광개토왕릉비 등을 근거로 광개토왕의 능으로 추정하고 있다.

그리운 Doma Ahn*

— 안중근 1

그리움 하나 가슴으로 품으니
그립고 하도 그리워 가슴이 에입니다
이국의 하얼빈 감옥 형장에서
목청껏 대한독립만세 외치며
목숨 줄 당당히 내주었을 테지요
부끄러움 한 점 없이 최후를 맞았을 테지요

하지만 넘쳐나는 울분으로 가슴 속은
다 마멸되고 말아 텅 비었으리니
지하에서 일제가 40년간 이 땅을 짓밟는 꼴을
더는 지켜볼 수 없어 두 눈 두 귀 틀어막았으리니
이 땅이 두 동강 나고 상잔의 참화를 지켜보고는
아예 두 눈 두 귀 후벼 파고도 남았으리니

통한으로 뭉쳐진 당신 모습을 그려봅니다
아 그 통분 그 통한을 누가 위로해 주리까

지금도 유효한 동양 3국의 평화 정신이 그립습니다
손가락 자르며 하얼빈 의거를 칼날처럼 곧추세웠던

그 신성한 단지동맹의 의지가 그립습니다
필생즉사必死卽生, 백절불굴百折不屈을 불터우던
치열한 투혼이 그립습니다
광휘로운 선각先覺의 삶이 그립습니다
만주벌 하늘땅을 능히 메우고도 남았을
당당한 의기意氣가 무척 그립고 그립습니다
목이 메고 가슴이 아려옵니다.

- 블라디보스토크 안중근 의사 단지동맹비* 앞에서

* Doma Ahn(도마) : Doma Ahn는 안 의사의 천주교 세례명이다.
* 단지동맹비 : 1909년 2월 7일 안중근 의사를 비롯한 독립투사 12명은 연해주 크라스키노에 모여 조국 독립과 동양 평화를 위해 목숨을 바칠 것을 맹세하니 이른바 '단지동맹斷指同盟'이다. 그들은 왼손 약지를 자른 뒤 붉은 선혈로 태극기 위에 '대한독립'이라고 쓰고 "대한국 만세"를 세 번 외쳤다. 그해 10월 26일 안 의사는 하얼빈 역에서 이토 히로부미를 사살한다. 2001년 광복회 등이 크라스키노에 '단지동맹비'를 세웠다.

자작나무 1

시베리아 행 열차* 창밖에
하얗게 줄지어 서 있던 너와 눈이 마주친 죄로
가슴에 너를 안고 살았다
하얀 너의 웃음이 눈에 밟히고
너 없는 밤마다 쓸쓸하여
속절없이 가슴만 태우다
세월은 흘러 그리움은
가늠할 수 없는 깊이로 커졌구나

백두白頭 골에서 다시 만나니*
눈시울이 뜨거워진다

모진 세월 흰옷만 갈아입고
꿋꿋이 하늘 가까이 선 채
헐거운 줄기 모아 기도하는 네 몸은
거뭇거뭇 생채기가 가득하구나
너와 나 무슨 인연이었기에
이리도 가슴에 쉽게 맺히었는가

그리움에 겨워 환희로 떨고 있는
너의 하얀 눈짓이 다시 내 가슴을 울린다.

* 2001년 7월 1일부터~8월 1일까지 블라디보스토크에서 시베리아 횡단 열차를 타고, 모스크바를 거쳐 상트페테르부르크까지 횡단 철도 답사 여행을 했다.
* 2010년 9월 백두산 여행 때, 백두산 부근에서부터 자작나무를 만나기 시작했다.

자작나무 2

오늘도 하늘을 우러러 기도하는
네 심정 아는 사람 없구나
백두는 백의민족 표상이거늘
그 이름마저 빼앗겨버렸으니
장백산長百山이라 고쳐 이름 붙인 곳부터
백의 입고 백두를 증언하고 있거늘
무지한 백의白衣의 후인들마저 못 본 척하니
진실로 네 증언 들어줄 사람 없구나

겹겹 쌓인 울분 한이 되어
온 몸 곳곳이 부르텄느냐
그런데도 고고히 세상 굽어보거늘
네 한 풀어줄 사람 없구나

무거운 등짐 지고
어기적어기적 걸어가는
북녘땅 촌로를 보느냐
하늘 보기 민망하여 땅만 굽어보며
뭉그적거리며 모진 세월 악으로 버티는

그의 등에 얹힌 누대의 백 년 고독을 체휼하느냐

네 기도 하늘에 닿는다면
짓밟힌 땅에도 봄은 오리니
백두 이름 되찾을 봄날도 오리니.

3

핏빛으로 피는 이유

축복 1

— 손주들에게

손주들이 무럭무럭 잘 자라
계대의 순리처럼 내 생을 잇는 다른 생이 이어지니
축복이다

숱한 눈물도 아픔도 허다히 만나겠지만
종내 찬연한 꽃은 오로지 네들 몫이리니
맑고 환히 빛나는 꽃 피우기를
너희 생은 축복으로 났으니
축복으로 영위되길 기도하리

늘 감사하고 베풀며 공유하는
사랑의 생이길 기도하리라

- 2022.05.05 어린이날에

축복 2
— 지금 눈 뜰 수 있으니

지금 눈 뜨고 무언가 생각할 수 있으니
할 일이 있어 할 일을 하니
축복이다

시야는 갈수록 좁아진다
회한도 겹겹 쟁여지고 고독은 늪처럼 깊어진다
천만 잡념 한 뭉텅이씩 지우고
오만 일상 한 더미씩 떼내며
비우고 또 비워도 갈증이 난다
헛되고 부질없는 꿈인 줄 알지만
불 속으로 뛰어드는 부나비처럼
꿈꾸는 세상은 여전히 찬란하다

하루를 지탱해 온 생이
저 핏빛 노을 끝자락에 매달려 있으니
내일은 혹여 만신창이 생生일지라도
저녁 노을 만날 수 있기를

이 또한 축복이리니.

4월의 기원

3월은 내외풍이 함께 드세더니
4월은 초입부터 외풍이 온 땅을 뒤집어엎을 듯 더 드세집니다
여섯 해 전 4월엔 진도 앞 바다에 묻힌
미처 피어나지 못한 삼백 네 개 꽃봉오리들이
노란 리본 꽃으로 피어 강산을 섧게 뒤덮더니
올 4월엔 코로나가 지구촌에 사화死花로 피어나며
4월 내내 기승을 부릴 판입니다
엘리엇도 '4월은 잔인하다'고 했지만
올 4월은 잔인한데다 무도할 듯싶습니다

하지만 사람 사는 세상 밖은 여전합니다
젖몽울이 부풀어 오르며 벙글기 시작한 꽃들은
첫날 밤 서방맞이하는 새색시마냥 옷고름 풀어헤치고
암내 풀풀 풍겨대며 하문도 열어 유혹하지만
나는 만사 다 잊고 그 향내에 눅진히 파묻혀
꿈도 꾸지 않고 고이 잠에 빠집니다

하늘이시어 올 4월이 우리를 배반하지 않도록 하소서
하늘이시어 이제 그만 4월을 순수하게 하소서.

지는 꽃도 꽃이다

— 백목련

톡톡 하늘 두드리며
앞가슴이 환히 벙글듯
아찔하도록 웃음 터뜨리고

징하게 미쳐 사랑하고 사랑하라
생은 그리 뜨겁게 채워야 한다며
핏빛보다 설운 순백으로 피어
하늘이 무안토록 허연 정염이 명징明徵하더니

겨우내 망설였던 사랑
고백 끝내고는 지고 말았구나
모진 절망이라 설워마라

그대 지는 나무 아래 누워
그대 자취 더듬으며 그대 사랑
오랫동안 기억하리니.

핏빛으로 피는 이유
— 꽃무릇

임 오리라 철석같이 믿었지만
올 듯 말 듯 오지 않아 혹여 이젠 오시려나
애오라지 키만 키웠네

굽이굽이 천 리까지 닿고도 남을 그리움
가슴속은 겹겹 핏빛 멍으로 쟁여지고
아롱 아롱진 눈물은 시뻘건 핏물 되니
이생에선 만날 수 없는 필연의 운명인가
그럼에도 난데없이 찾아와
차디찬 손짓이나마 내밀어 줄까
차마 눈 감을 수 없어
핏발선 눈으로 일어섰네

종내는 오지 않아
그리움에 겨워 피울음 머금고
핏빛으로 피었네.

종생은 동백처럼

— 동백

몸뚱이 통째로 툭 졌어도 곱구나
분초 다투며 치열히 제 열정 태우다
목숨 줄 절로 스러져 더 빛이 난다

바래지거나 덕지덕지 얼룩지고
찢겨지고 닳아지는 일도 없었다
기력이 한 올 한 올 스러지며 추해져 가는 몰골을
손톱만큼도 용납하지 않았다
오로지 통째로 벌겋게 불사르며
몸속 기운 한 올마저 다 태우고
목숨 줄 소진되는 한 찰나
통째로 툭, 떨어졌을 뿐이다

나 또한 벌겋게 태운
몸뚱이 채로 툭, 져 가리
시들시들 앓는 일도
혼 들락날락거리는 일도 없이
종생終生의 찰나까지
벌건 불꽃인 채로 툭, 져 가리.

눈물로 핀다

— 봄까치

하루의 생生 마감하며 질끈 꽃잎을 닫는다
며칠 날 흐려 피지 못하다 간신히 오늘 해 돋아 폈는데
내일 해 못 보면 그대로 질 수도 있어
눈물 흘린다

며칠도 아니다
하루해를 더는 못 볼 수 있다는 생각으로
흘리는 눈물이다
이제 할 수 있는 건
단 하루해라도 더 볼 수 있는 꿈을
흐르는 눈물에 담을 뿐이니

햇빛이 나 또 다시 눈물이 난다
오늘 살아 있어 또 해 볼 수 있어
흘리는 환희의 눈물이다
내일 다시 해볼 수 있다면 또 눈물 흘리리
사는 날까지 눈물로 살리.

어무니 마음

— 달맞이꽃

사나흘째 초저녁부터
옷매무새 치장한 채 새뚝 길섶에 서성이며
풀내음 가슴팍에 젖어들도록
흔들거리는 해바라기의 푸른 바람에
온몸이 얼얼해지도록
토닥 토닥이는 별들의 이야기 듣느라
두 귀 먹먹해지도록

어둠 끝자리에서
눈물바람이던 어무니

기어코 목 휜 채
누런 달빛 닮은 꽃으로 피었다.

구애를 위하여

— 목백일홍

반로환동返老還童이 아니다
이혼移魂도 아니다

매번 화사하게 치장하고
절정으로 극진히 화장하고
그 열정 스러지면 다시
온몸으로 새로 부활할 뿐이다
거듭거듭 부활하며 구애할 뿐이다
하루 이틀도 아닌 석 달 열흘 동안
천하잡년 말 들어가며
그럼에도 내 사랑 부족하니
다음 생을 또 기약한다

수천 번 생을 돌더라도
애오라지 구애하리니
부활을 거듭해 가며.

내 사랑은 구형

— 타래난초

내 길은 하늘에 이르는 길
바로 직진하진 않는다
멈추어 돌아보고 휘돌아간다
내겐 본능 같은 숙명이다

내 사랑은 직선이 아니다
주고 받고 받고 주는 수수授受의 구형球形이다
늘 습관처럼 비비 꼬며 오르려 애쓰지만
그 길도 요원하다

오늘도 나는 비비 꼰다
사랑을 꿈꾸며
하늘에 이르는 길이
이 길뿐이라는 믿음으로.

눈물 한 방울

— 은난초

나고 보니 응달이요 박토구나
눈물 마를 새 없었다
하마 마지막까지 살아서 꽃 피울까
매 순간 하늘 우러러 간구하고
밤이면 눈물 쏟으며 버텨 온 세월이 서른 날
비로소 꽃 피우니 볼품없다 말하지 마라
한 점 부끄러움 없이 자랑할 수 있으니

나면서부터 날마다 꿈꾸고
평생토록 기도하며
뜨거운 가슴은 눈물로 얼리며
지상에서 단 하나
나의 꽃 피웠느니라

이젠 목숨 끊어지는 날
땅에 뿌릴 마지막
뜨거운 눈물 한 방울 예비하리
나는 오직 그것으로 족하리니.

넋으로라도

— 망태버섯

궁벽의 한갓진 죽림竹林에
새벽이슬로 한껏 치장하고
임 찾아 나왔다
순백의 망사 드레스 마디마디
그리움으로 빼꼭히 쟁여 깁고
한 방울 이슬처럼 세상으로 나왔다

임이 아니면 내 생의 의미도 없으니
열정 태우느라 몸뚱이 허예지고
고독에 기진하고 그리움에 겨워
선 자리 그대로 움츠러지며 녹아져도
임 향한 고절한 열애만은 남으리

이 생에선 천년을 하루같이
미치도록 애태우며 그리워했으니
저 생에선 넋으로라도
저 우주 블랙홀도 관통해 온
푸른 바람결 등에 업혀
임 찾아 훨훨 날아오르리.

천상천하 유아독존
— 들꽃 1

박색인들 어떠랴
관상꽃이 아닌들 어떠랴
박토에서 핀들 어떠랴
외진 들녘이나 비탈에
들꽃으로 핀들 어떠랴
무릇 위명偉名이든 무명無名이든 무슨 상관이랴
설혹 초개같이 여겨진들 무슨 상관이랴

정작 이 땅 위에 꽃으로
동종同種 동속同屬의 수만 가지 꽃 중
오직 유일한 한 떨기 꽃으로 피었으니
가히 천상천하 유아독존天上天下唯我獨尊*이나
다름없으리니
하늘 아래 당당하면 되리
나 홀로 창창히 빛나는 생生이면 되리.

* 천상천하 유아독존天上天下 唯我獨尊 : 석가모니가 태어나자마자 외쳤다는 탄생게誕生偈로 《전등록傳燈錄》《수행본기경修行本起經》 등 경전에 따라 다소 해석하는 바가 다르나, 대체적으로 "하늘 위와 하늘 아래에서 오직 내가 홀로 존귀하다"라고 풀이된다.

아픔으로 피고 진다

— 들꽃 2

흐르는 세월도 켜켜이 쌓여지는
후미진 미움의 비탈
산산이 홀로 피어 임을 기다리는
지나치는 바람 한 줌에 가슴이 쿵쾅거리고
애 끓는 마음 재우기 겨워
속살 다 태워 사랑의 향으로 피워내는
아침 햇살에 설빔 같은 맵시로 꾸미며 볼 붉히다
속적삼 겉적삼 다 벗어버린
눈부신 알몸

그립고 그리워
아파하며 피었는데
임은 기어이 찾아오지 않으니
다시 아파하며 생을 접는다.

절대 당당하므로

— 들꽃 3

무도한 누군가의 거친 발짓에 허리가 댕강 부러져 숨을 놓았습니다 아프다는 말 한 마디 토해낼 겨를도 없이 눈물 한 방울 맺힐 새도 없이 두 동강난 몸뚱이 끄트머리엔 멀건 핏물이 주르륵… 다만 평생의 꿈을 활짝 피우지 못하여 아쉬웠지만 원망하진 않습니다 그나마 최선으로 치열히 불태운 그간의 내 생이 자랑스럽습니다

들꽃으로 피어났습니다 죄다 외면하여 벌 나비가 유일한 친구였습니다 하지만 나는 이 땅의 수천억만 꽃 중에 유일무이한 한 떨기 꽃이어서 당당합니다 명명백백 한 올 흠도 티끌 만큼의 부끄럼도 없기 때문입니다 아니 부끄럼은 아예 모른 채 살아왔으니까요

내가 지나치게 화사하다고요 나의 향내가 너무 진하다고요 나의 생은 오로지 사랑을 위하여 생겨났으므로 사랑을 위하여 무슨 꾸밈인들 어떤 가식인들 마다하리까 내 사랑에 전혀 부끄럼이 없습니다 내 성기性器를 한껏 벌거벗긴 것이며 터럭만큼의 속타산도 없이 애오라

지 쾌락만을 탐닉하고 사랑의 언어만 알 뿐인 것도 내가 사랑의 존재이기 때문입니다 누가 하찮고 미천한 들꽃이라 무시한다 하여도 전혀 상관하지 않습니다 장미도 부럽지 않습니다 저 밤하늘에 찬연한 북극성도 비교할 수 없을 만큼 나는 지고지순至高至純하며 존귀해서입니다

완전무결한 존재만이 세상을 지배하리니
나 또한 절대 부끄럼없이 당당하므로
오직 끝없이 늘 새로운 사랑의 진화를 꿈꾸며
이 땅을 지배하리니.

여생은 들꽃처럼

— 들꽃 4

덕지덕지 엉겨 붙은 상처뿐인
스무 해 서울살이 접고
뿌리 찾아 귀향한
삼벽三僻의 땅 정남진正南津*

겹겹 상처는 여전하지만 애써 견딜 만하고
처처에 백년 고독의 그림자 넘실대지만
마음은 우주로 흐르고 흐르니
비록 무명의 별로 남아져도 여한 없으리

할 수만 있다면
마지막 생각마저 다 스러지는 날까지
오로지 곡진한 기도 속에 눈물로
땅 굽어보고 하늘 우러르리니

분별도
명리名利도 필요 없는
한 떨기 들꽃처럼.

* 삼벽三僻 : 벽僻이란 사람[人]이 거처하기에[居] 고생스럽고 맵다[辛]라는 뜻이다. 조선조 중기 실학자로 장흥출신 존재 위백규1727~1798는 자신이 살고 있는 장흥과 자기 성씨인 위씨, 사람이 별로 많지 않은 장흥의 사람들을 '삼벽三僻'으로 표현했다. 존재는 "나는 내가 사는 지역이 궁벽하고[地壁], 성씨가 궁벽하고[性壁], 사람이 궁벽한[人壁] 삼벽三壁의 장흥에 갇혀 산다"고 토로했다. 당시 장흥은 남도 끝에 있는 최변두리 지역이었고, 존재의 성씨도 김씨, 이씨, 박씨 같은 명문가 성씨도 아니었으며, 그가 사는 곳마저 시골 지역으로 인재도 별로 없는 지역이라는 뜻에서 '삼벽'이라고 지칭했다.
* 정남진 : 정남진正南津은 서울 광화문으로부터 정남쪽에 있는 나루터라는 뜻으로, 전라남도 장흥군에 해당한다.

그럼에도 꽃은 핀다

2020년 춘삼월
꽃샘바람은 바람도 아니었다
중국에서 건너와 세상을 뿌옇게 만들던 황사며 미세먼지는 차라리 미풍이었다

코로라19라는 바람도
당초 강풍쯤으로 잦아지리라 여겼지만
신천지를 급습하며 광풍이 되었다
단숨에 한반도를 얼리고
일상이 송두리째 무너지고 있다

만방으로 퍼지며 지구촌을 꽁꽁 얼리고
21세기 도시 문명이 통째로 신음하고 있다
지구촌 곳곳에선 날마다 수백 목숨이 스러진다
장례식도 치르지 못한 채 홀로 싸늘한 주검으로 묻힌다

점점 잦아들다 올 가을에 다시 급습할지
흑사병보다* 더 미친 광풍이 될지
기세등등 세 불리며 지구촌을 죄다 휩쓸지

언제인가 자연의 순리처럼 절로 잦아질지
또 다른 독감의 강풍쯤으로 숨어들지
그 광풍 이후 지금의 문명이 어디로 튈지
인간의 일상이 어찌 변화될지
혹여 대공항이며 암흑기가 도래되지는 않을지
생각하기조차 두렵다

그럼에도 이 광풍쯤은 아랑곳없이
꽃은 온 산야에 지천으로 절로절로 피어난다
더 맑고 더 밝게
더 찬연히 빛나며
아무 일 없다는 듯이.

* 흑사병 : 14세기 유럽에서 대유행한 전염병. 1347-1352년까지 5년간 이 병으로 당시 유럽 인구 4분의 1에서 3분의 1(2,500만-6천만 명)이 사망한 것으로 알려졌다.

비가悲歌 1
— 자궁이 신음한다

'이 땅에는 진실도 없고 인애도 없고 하나님을 아는 지식도 없고 오직 저주와 속임과 살인과 도둑질과 간음뿐이요 포악하여 피가 피를 뒤이음이라. 그러므로 이 땅이 슬퍼하며 거기 사는 자와 들짐승과 공중에 나는 새가 다 쇠잔할 것이요 바다의 고기도 없어지리라'*

흙에서 와
흙으로 가는 인생
사람의 태어남은
흙에 떨어지는 것이라 했으니*
흙은 인간의 자궁
땅은 지구의 자궁

그 자궁이 신음하고 있다
토양은 부패되고
들판은 파헤쳐지고
산허리는 잘리고
땅의 기운은 파괴당하고 있다
하늘과 맞서려는 신형 바벨탑이

여기저기 우후죽순 일어서고
산과 들은 난벌로 사막이 되며
땅의 기운이 쇠잔해지고 있다

자궁이 피 토하며 부르짖고 있다
인간들아, 그만 나를 괴롭히라고.

* 성서 호세아 4장 1~3절.
* '사람의 태어남은 흙에 떨어지는 것' : 도연명의 시 '落地爲兄弟 何必骨肉親(세상에 나와 형 아우 하는 것이 어찌 친척만의 일이겠는가)'하는 대목에 나오는 말이다.

삶은 아픔이다

— 병상에서 1

아프다
진종일 아픔이 겨웁다
아프기에 지나온 생을 돌아보며
살아갈 생도 생각한다
돌아보니 내 삶은 아픔이었구나
생각하니 내 삶은 아프게 영위될 삶이구나

내 삶이 아픔이기에
더욱 어기차게 치열하게
살아야 하는 이유이리라.

곪은 살은 도려내야

— 병상에서 2

속살이 곪고 있다
곪은 살은 도려내고
새 살을 이식해야 한단다
다치거나 상한 살은 으레 곪기 마련
아프지만 곪은 살을 도려내는 게 순리

온 누리에 순리가 무너지며
온갖 곪은 데가 지천인 세상
아 누가 있어 곪은 데 다 도려내고
새 살을 돋게 할 수 있을까.

자기 방임죄

— 병상에서 3

화상은 인과가 있든 없든
언제 어디서나 항용 야기될 수 있는
일상의 후유증 같은 것

하지만 화상병동은
순리의 경고를 무시한
형벌의 시간이 지배하고
전적으로 방임해 온 자신을 비웃듯
시간이 더디 흐르며
아픔을 배가할 뿐이다.

화상병동의 풍경

— 병상에서 4

끓는 물에 앞가슴 데인 두 살배기 아기 여천공단에서 폐비닐 태우다 통째로 왼팔을 데인 스물한 살 티베트 청년 총포 화기를 만지다 왼손을 데인 스물두 살 국군 장병 끓는 육수를 얼굴에 뒤집어쓰고 허연 붕대로 얼굴을 칭칭 동여 맨 사십 대 식당 아줌마 고압 전류에 두 다리를 데인 오십 대 공무원 논두렁에 불 피우다 오른 발목에 화상을 입은 칠십 줄의 노인

생사의 고뇌는 없지만 기다림이 지루한 화상병동은 가던 길 잃어버리고 허공 중에 부유하는 듯한 오만 군상이 모여든 또 다른 세상이다

의지 잃은 우울한 시간은 종일 긴 링거 줄을 타고 방울방울 떨어지며 몸속으로 야금야금 스며들고 4월 끝자락의 긴 밤은 묵시의 장벽을 사투하듯 힘겹게 허물어뜨리며 소리 없는 아우성으로 헐떡이고 진즉 밝아 오리라던 여명은 여태 소식이 없구나.

축복의 현생

— 병상에서 5

오랜만에 병동 뜨락에 나앉아
마음을 다 내려놓는다
햇볕은 그지없이 따사롭고
산들거리는 바람은 부드럽기 한량없고
하늘을 더없이 투명하다
눈앞의 세상이 참으로 눈물겹다

살아있음에 감격스럽다
은성한 향기를 느낄 수 있으니 가히 축복이다
머지않은 날 아무 구애 없는 자연 속을 한껏 걸으리니
6월의 꽃무더기와 그 산야를 두 발로 내디디며
눈이 짓무르도록 눈에 담고 발목이 꺾어지도록
걷고 또 걸으리니

온몸으로 세상의 온 향기를 가슴에 담으며
온 맘으로 그 축복을 만끽하며
축복의 현생을 한껏 체휼하리니.

자화상 1

차라리 꺾어질망정 굽히지 않는다*
나는 몇 번이나 굽혔을까
초등학교 5학년 때 교정 울타리에 오줌 싸는
교장 선생한테 대들어 정학당할 뻔했다
군대시절엔 어느 한겨울 상급자와 맞서다
연병장에서 한나절 웃통 벗고 벌을 서기도 했다
서른 살 직장인이었을 때는 상급자 책상에
송곳을 박고는 직장을 때려치우기도 했다

장흥살이는 굽혀지는 생이다
나이 들며 수시로 굽힌다
아니 절로 굽혀진다
그때마다 가슴 속은 아리고 멍이 든다
당당히 허리 펴며
창창히 피우는 꽃떨기는 축복이다
절로 굽혀지는 내 생은 축복이 아니다

* "차라리 꺾어질망정 굽히지 않는다" : 1980년 5.18 전후 독재정권에 저항하며 옥살이도 두려워하지 않았던 민중소설가요 저항작가였던 송기숙 선생이 생전에 필자에게 했던 말이었다.

자화상 2

하마 유명 시인을 꿈꾸는 치기稚氣는 없다
꾸밈도 원하지 않는다
벌거숭이 같은 진짜 시詩를 꿈꾸었을 뿐이다

어느 때부턴 동심이 아주 사라지고 있다
설레고 놀라고 두근두근 가슴 뛰는 일도 없다
태반이 무덤덤해지고 눈물도 메말라버려
칼 마음만 자리한 지 오래
내일도 여전하리니

이젠 동심 없는 허접한 시나 쓰지는 않을지

아주 절필이라도 해야 하나
오늘 밤 치열히 통회 기도라도 하리
주여, 동심 잃어버린 하찮은 영혼의 시인을
용서하지 마소서.

4

사랑 너머의 사랑

사랑 너머의 사랑

한 떨기 들꽃의 생이
온전히 사랑인 것은
그 시종始終이 공유共有하는 섭리에 순응하고
사랑 너머의 사랑까지 이루어서이니

내 생은 여태
눈앞의 사랑마저
눈 뜬 장님이니
그런 사랑이야 하마 꿈에서나 가능할까
아무래도 내 생은 사랑의 발 끝 언저리도
미치지 못하는구나.

바람의 갈비뼈

코로나로 더욱 어수선한 지구촌
청량한 그대가 그립다
음습한 기운들을 죄다 휩쓸고 갈
태초를 잉태시킨 그대 숨결이

늘 멋대로지만 자유로운 영혼으로
세상을 조율해 온
그대가 더욱 그립다

죽은 듯 잠들었다가
하늘땅을 뒤엎듯 광풍으로
세상을 놀라게 하지만
늘 녹색 생명들을 잉태시켜 온 그대

오늘은 태고의 적막이 그리워
그대 갈비 뼈 하나를 내 가슴에 심는다
아집 한 줌이라도 덜어내기 위해
푸른 바람 갈비뼈 하나를.

들풀이고 싶다

이즈음은 꽃 피울 일도 없어
절로 꿈꾸지 않는
아주 꿈도 모르는
들풀이고 싶어지는 날인데
오래 전 상처 주며 떠난 연인이 환한 웃음으로
곁에서 얼쩡대는 꿈을 꾸었다

꿈꾸지 않아도 잘 자라는
들풀이고 싶은데
종내 찬연히 꽃을 피우는
들꽃의 꿈을 꾸고 만다

오늘은 꿈꾸지 않은
들풀이고 싶은 날인데.

흐르는 강물처럼

진득히 강을 따라 걸으며
비로소 새롭게 흐르는 법을 배운다
일에 갇혀 흐름에 멈칫멈칫하였던
나를 돌아보며 흐르는
그 순리를 다시 배운다

절로 흐르니 새롭다
흐르는 대로 놓아두니 더 자유롭다

앞 물은 뒷물에 등 떠밀리어 하나 되듯
어제의 나도 지금의 나와 하나 되어
늘 지금의 내가 있을 뿐이듯
한 줄기 물도 금세 허연 거품을 일으키며
소용돌이에 휘말리다 다시 평온을 맞이하듯

그리 그렇게 흐르면 되리
저 강물처럼.

낙화落花

바람이 분다고 지지 않는다
비가 온다고 시들지 않는다
피었으니 진다
그 길 아무도 막을 수 없지만
아파서 밤새 눈물 뿌렸으리
사철나무로 태어나지 못한 한이
칼날로 여린 가슴팍 훑어내
파르르 떨었으리

이젠 그만 헤어질 때
다시 찾아올 사랑을 위하여
곡진히 손 흔들며 원 없이 헤어지자
다른 사랑 의심하지 말자
목이 잘리는 아픔도 두려워하지 말자
마지막 한 줌의 미련도 다 끊어야 하리

우주에서 가장 빛나는 꽃으로
오로지 홀로 왔으니 홀로 간다는 마음으로
홀로 환히 빛나며 절로 소멸되리
또 다른 사랑을 꿈꾸며.

노을

추석날 아들딸 손주들이
썰물처럼 떠나간 뒤
칠순 노인 홀로 툇마루에 앉아
서녘 하늘 바라보며
소주잔에 담긴 시름
한 잔 한 잔 마신다

불혹이 다 된 막내아들은
올해도 장가들지 못해 죄인이라며
고향 집을 찾지 않았다
열 마지기 벼농사마저
가을 태풍으로 쓰러져
노인 가슴엔 시름이
한 겹 두 겹 쌓이니

술잔 속 시름도 짙어가고
두 눈에 그렁그렁 고인 눈물
기어이 피눈물 되어
서녘 하늘에 시뻘건 눈물로
피어오른다.

하늘이 울고 있다

눈물이 온 땅에 흘러내린다
아침녘엔 훌쩍이더니 이젠 아예 폭포 눈물이다
하늘의 뜨거운 눈물
우르르 쾅앙캉 쾅앙캉
온 천지가 찢어질듯 울부짖는
하늘의 호곡

미얀마 시민들 아픔이
지구촌 곳곳에서 코로나19로 죽어가는 수십만의 설움이
이 나라 저 나라로 떠도는 수백만 난민들의 슬픔이
해마다 기아로 숨져가는 6백만 어린이의 눈물이
온 땅에 넘치고 하늘 끝까지 닿아
하늘이 통분하며 분출하는 눈물이다

하늘이 태초부터 환하게 웃어본 적이 있었을까
늘 슬프고 아프고 분통하고 서럽고 가슴이 아려서 울었으리
온 사람들 눈물을 씻어 줄 이가 그리워 울었으리

하늘이 언제까지 눈물을 더 흘려야 할까
얼마나 분통한 눈물을 더 흘려야
언제쯤 환희의 눈물을 흘리게 될까

나 현생에서 하늘이 환호작약하며 웃는
환한 웃음을 볼 수는 있을까.

마음을 묶는 날이 올까

삼십 대에 무협소설에 빠진 적이 있었다 무협지 속 주인공이 되어 하늘을 날고 바위산도 허물고 마魔의 무리를 단칼로 휩쓸어버리는 꿈도 자주 꾸곤 했다 까마득한 옛일이다 그런데도 어젯밤 꿈에 터무니없이 무협지 주인공이 되었다 이젠 근력마저 쇠잔해져가는 몸인데 마음은 여전히 제 멋대로이다 아니 더 펄펄 날아다닌다 몸은 여기 있는데 마음은 저기서 홀로 신나게 나대기 일쑤다

몸에 마음을 묶는 일이 왜 이리 어려울까
과연 내 생애 진종일 마음과 몸이
온전히 하나 되는 날이 오기는 할까

오늘도 이런저런 헛꿈만 꾸다 잠을 설친다
이른 새벽 동녘 하늘에 위태로이 떠 있는 그믐달
내 생生이 바로 저기에 걸려있다.

따뜻해지는 것들

매번 엎어지며 주르륵 흘린 눈물
짓밟히어 온몸으로 꺼이꺼이 토해낸 울부짖음
아픔과 악수하곤 자조하던 웃음

여태도 어릉어릉 눈에 밟히며
통증으로 스멀거리는 상처들

어느 때 하마 꽃길은 있었을까
비탈 꽃길의 뒤안길쯤이었을 테지
돌아보니 이젠 그 모든 상처도
환해지는 그리움이다
따뜻해지는 기운이
야금야금 목젖으로 밀려든다

헛꿈일지라도 더 많은 꿈을 꾸고
다시 신발을 고쳐 매는 이유이리.

열엿새 달

만월로 가는
기망幾望*의 열나흗 달을 좋아했다
덜 차 더 채울 수 있고
꿈꿀 수 있어서였다

이젠 만월에서 하루 지난
기망旣望*의 열엿새 달을 더 좋아한다
꽉 채워져 자칫 교만해질 수 있기보다
부족하여 고개 숙일 수 있고
더 비우기를 꿈꿀 수 있어서이다

초승달부터 그믐달까지
빛을 몸 밖으로 점점 온전히 드러내고는
하나둘 비우고 비워 다 비우는 게 달의 순리

늘 비우지를 못한 나를 채근할 수 있어
열엿새 달을 가슴 속에
품는 이유이다.

* 기망幾望 : (기幾=거의, 망望=만월). 기망幾望은 만월 이전의 열나흗날 달. 주역周易에서 '거의 만월에 가까워진 달'이라는 의미의 '월기망月幾望'이라는 말로 쓰였진 이후, 자주 쓰여졌다.

* 기망旣望 : (기旣=이미, 망=만월). 만월에서 이미 지고 있는 열엿샛날 달을 의미한다. 이 역시 '월기망月旣望'으로 자주 쓰였는데, 이는 "임술년 가을, 7월 16일(음력)…壬戌之秋, 七月旣望"로 시작되는 소동파蘇東坡 (1036~1101) 「적벽부赤壁賦」 이후부터 자주 쓰이는 문구가 되었다.

송년을 맞으며

새것은 낡아지고
낡은 것은 또 새것으로 바꾸어지듯
세월은 강물처럼 흐르며
시계 초침에 실려 갈뿐이거늘

삶은 늘 교차점에서 선택을 강요당하고
잘못된 선택으로 무너질 때마다
험한 한 굽이 돌면 새 장이 펼쳐지리라는
막연한 기대로 다시 시작하지만
으레 순조롭기보다 어긋남이 많아*
뒤돌아보니 부끄럽다
출발할 때 다짐은 멀건 거품 되어 사라지고
기개 넘치던 구호도 허풍이 됐으니
이제 남은 것은 공허한 메아리뿐

하지만 또 시작해야 한다
새 다짐으로 다시 시작할 수 있도록
간절히 기도하며.

*'달이 차면 구름이 자주 가리고/꽃이 피면 바람 불어 꽃잎 날리네/세상만사 모두가 그러하니 (月滿頻値雲 花開風誤之 物物盡如此)' - 정약용의 시 「독소獨笑」에서 인용

빛 그리고 어둠

빛은 어둠을 다 몰아낼 순 없다
빛이 극성이어도 곧 어둠에 잡혀 먹히고 만다
어둠은 빛 아래서 죽는 법이 없다
그림자로 숨어들거나 잠들며 활개칠 기회만 노린다
빛이 어둠을 무릎 꿇리는 일은 까마득하다
어둠을 다 몰아내는 일은 더욱 요원하다

세상의 이치가 그러하거늘
죽일 수도 없는 어둠을 죽이려 헛힘만 쓰니
빛은 약해빠지고 어둠은 기세등등이다
빛이 늘 죽으면서도 늘 어둠과 맞서는 것은
빛이 빛으로 사는 유일한 길이어서다

빛이 어둠을 이기는 길은
어둠에 눈을 익히는 일이다
제 힘을 키우고 제 몸뚱일 키워내는 일이다
어둠과 맞서 밀리지 않을 다른 빛을
만들어내는 일이다

차라리 공존하는 법을 익힐 일이다
요원한 일이지만
이 또한 빛의 숙명이느니.

2022년 1월 1일

— 새해 첫날을 맞으며

얼어붙은 하늘 아래
침묵하는 땅 위에서
순수의 소리들은 묻히고
허물없는 가슴들을 짓눌리는데
어둠은 더욱 기승을 부리지만
그럼에도 신발 끈을 고쳐 매며
빗장 잠긴 저린 시간 속을 헤매며 더듬어 온 길
이제는 새길 걸으리라

아예 젖 먹던 힘까지 죄 긁어모아
힘차게 비상하는 꿈을 꾸리라
비상하는 것들은 미련을 두지 않으니
폐허가 된 가슴일지라도
마지막으로 남은 불씨 지피고
내 몸을 태워 어둠을 밝히며
눈물 빛으로 환한 은혜의 길 열어 제치리라

미구未久엔 환한 빛살도 머리 위로 쏟아지고

그 하늘엔 푸른 꿈들이
촘촘한 그물처럼 뒤덮으리니.

황혼의 기도

황혼녘 하늘이 불타는 것은
지상에서 사랑할 시간이
아침 이슬방울만큼 잠깐뿐이어서
제 사랑 미친 듯이 불태워도
온전히 불태우지 못할까 두려워서이니

이제 황혼녘
내 생도 미친 듯 불태워야 하리

세상 밖으로 나오며
가녀린 새싹같이 순진무구하였지만
거친 세파를 이겨내기 쉽지 않았다
지랄 같은 운명에 내던져진 채 가는 길도 순탄치 않아
늘 넘어지고 늘 방황하였다
몸부림치며 애는 썼지만 어느 것 하나에도
제대로 미치지 못하였다
다행이라면 내 생이 중도에 꺾이지 않고
순행하여왔다는 것뿐

하지만 여한이 남아 있으므로
한 톨의 여한이 없도록

내 종생의 시간은 예측 불가이므로
황혼의 내 생을
미친 듯이 뜨겁게 불태워야 하리

더는 타협하지도 않고
더는 어르고 달래지도 않고
더욱 분노하고 더더욱 자존을 한껏 드러내며
설령 다음 생이 있다 해도
현생의 황혼 이후엔
나는 없으리란 생각으로
이생의 황혼을 미친 듯 활활 불태워야 하리

지구별로 와 내 사랑
온전히 불태우며 스러진다는
마지막 한 마디 남길 수 있게 되길
간절히 기도하며.

살아 있는 날에

한 그루의 대나무[竹]가 되어 빈 가슴속일지라도 가슴을 비우고 또 비우고 싶습니다

나이 들고 병약한 몸이어서 몸집을 키우기는 글렀으니 땅 속을 기는 뿌리가 새 물길을 찾아 길을 넓혀가듯 몸에 남은 푸르고 푸른 피돌기 죄 끌어 모아 껍데기는 퍼런 멍으로 가득할지라도 가슴 속은 먼지처럼 만들고 싶습니다

맥없는 몸짓일지언정 누가 쓰잘 데 없는 시詩라고 책망해도 정성껏 명징하게 빚어낸 푸르른 내 詩들을 대지에 퍼뜨리고 싶습니다

내 몸에서 풍기는 향기는 결코 만들어낼 수 없다 해도 정남진 바다와 탐진강과 바람과 구름 향香의 정수를 뽑아 지상에서 유일무이한 나만의 향을 만들어내려 애쓰는 일이 목숨 사위는 날까지 간단없이 지속되는 삶을 일구고 싶습니다

마지막 날엔 몸뚱이 하얗고 하얀 꽃으로 피워내고
생을 마감하는 때는 빈 마음 빈 몸으로
손아귀에 잡힐 것도 없는 찌꺼기만 남은 채로
아, 그렇게 당신에게 이르고 싶습니다.

어떤 판判

순진한 친구가 어쩌다
난생 처음으로 그 판判에 끼어들었다
언구럭부리는 악의 선동이 춤추고 단견의 표퓰리즘이 휘날리고 생게망게한 날조가 노래하고 사이비 교주 같은 최고급 사기술이 희번들거리고 상대 치부 찾기에 머리 싸매고 하이에나만 언죽번죽 기웃대는 아주 생경스럽고 살벌하게 날 선 오로지 제 살기 급급한 판가름 판이었단다

순진한 그 친구는
피 튀기는 전장戰場의 얼굴 못지않았다며
짐짓 호탕히 웃어 젖혔지만
해맑은 그의 두 눈엔
물기가 번들거렸다

아녀 친구야
그런 판은 생이발이 피지
실은즉슨 당당한 판이 한결 많아야
속엣말로만 다독다독 두드리기만 하였다.

석대들 들꽃의 꿈

열매를 맺기 위해
들꽃은 찬연히 핀다

석대들* 들꽃은 여태도
맥없이 꽃을 피우고
열매도 채 영글지 못한 채
맥없이 지고 만다

한 세기 전
온 누리의 들꽃들이 모여
하늘을 땅으로 끌어내리려
죽창을 꼿꼿이 치켜세우며 창창히 일어나
목이 꺾이면서까지
하늘의 천년 묵시默示를 일깨웠지만
꿈으로만 그쳤다

그날의 역사는
오늘도 되새김질이다

질곡의 낡은 허물 벗고
늘 푸른 하늘 아래 당당히 꽃 피우려던
그날의 함성이 얼어붙은
하늘의 빗장을 열기 위한
신성한 몸부림이었다는 걸
역사는 알기에
석대들 들꽃은 오늘도 꿈을 꾼다

또 한 번의 헛꿈일지라도
찬란히 피우고 튼실한 열매를
맺으려는 그 꿈을.

* 석대들 : '장흥의 석대들'은 정읍 황토현, 공주 우금치, 장성 황룡과 함께 동학농민혁명의 4대 전적지로 알려졌다. 1895년 1월 5일 이곳 석대들에서 3만여 명의 동학농민군이 최후의 불꽃을 사루었다. 2009년에 국가사적(제498호)으로 지정되었다.

정남진 장흥 땅에 머무노라

— 안중근 2

나 태어나기는 황해도 해주지만
이국異國의 하얼빈 뤼순 감옥에서 생을 마감하여
이름도 모르는 이국의 어느 야산에
내버려지다시피 묻혔고
지금 나의 넋이 거주하기는
대한민국 장흥군 장동면 만년리 600-1번지니라

1910년 이후 서른여섯 해 동안은 일제의 세상이었고
해방된 후에는 육신의 뼈대만이라도
고국으로 돌아가길 소원했지만
고국이 두 동강 나면서
누구 한 사람 관심조차 주지 않고
나의 묘지도 잊힌듯 내버려진 채여서
통곡하고 또 통곡하며
이국에서 고혼으로 떠돌다
해방 후 십여 년 만에 대한반도 남쪽 끄트머리
장흥 해동사에서 나의 위패 영정을 봉안하고
해마다 제사 지내주어
나의 넋이 정남진 장흥 땅에 머물고 있느니라

말로는 다들 민족의 영웅이니 해대고
근현대사에서 가장 존경한다고 떠들어대고
여기저기서 나를 기린다며
얼굴상을 만들어 놓거나
유훈遺訓 서체라며 전시하거나
유훈 석비를 세워놓기도 하지만
진심으로 마음으로 우러르며
나를 기억하고 제사지내는 곳은
오로지 정남진 장흥뿐이니
나의 넋이 여기 머물지 않으면
어디 가서 안주하랴

사후 110년만에 내 제사하는 곳을
성지聖地로 꾸민다 하니
여간 다행스레 여기긴 하지만
그럼에도 내가 더욱 지금도
간곡히 온 대한인에게 바라기는
내가 목숨 바쳐가며 외쳤던 대한독립 의기意氣가
대한반도 남쪽 끄트머리 정남진에서부터

들불처럼 일어나
반도의 온 땅을 흠뻑 적시고
북녘 땅 해주를 넘고 만주벌 하얼빈까지 넘쳐흘러
대한의 고토 북만주까지 온전히
대한의 이름으로 독립되기를

나의 넋이 누인 정남진에서
오로지 바라는 소원은
이것뿐이니라.

*노트 : 일제강점기와 6·25전쟁 등 시대적 어려움 등으로 인해 안중근 의사 추모가 제대로 이뤄지지 않는 상황이던 1955년, 당시 장흥읍에 살던 유림인 안홍천 씨(죽산 안씨, 안 의사는 순흥 안씨)가 안 의사 사당 건립에 나섰고 죽산안씨 문중 사람들이 힘을 보태 죽산 안씨 사당인 만수사(장흥군 장동면 만년리) 바로 옆에 안중근 의사의 위패와 영정을 봉안한 안 의사 단독 사당인 해동사를 설립하였다. 당시 이승만 대통령은 경무대로 직접 찾아온 안홍천 씨로부터 이야기를 전해 듣고 '해동명월海東明月'이라는 글을 내렸다. 이 글의 두 글자를 따서 해동사라 이름 지었다. 해동사는 이후 2000년 3칸 건물로 중건됐다.

노인 홀로 살아간다

— 시골은 지금 1

애들은 끼리끼리 이 골목 저 골목 떼 지어 낮대기 시커멓도록 놀았다 어무니 아부지는 품앗이로 풀베고 김매고 모시 삼았고 모내기며 가을걷이며 장례까지 상계喪契 동계洞契 만들어 치렀다 한가위엔 처녀들이 강강수월래 춤추면 달님도 내려와 덩실덩실 춤추고 사내들이 메구치며 뛰놀면 신명난 도깨비도 골목 곳곳을 넘나들며 혹부리영감을 놀리곤 했다 집집마다 한 지붕 아래 여남은 명씩 떼 지어 살았다

구시대 가고 신시대 열리니 여럿 살던 시대 가고 홀로 사는 시대 오니 목숨 끊어져도 하늘로 올라가는 혼도 없어진 지 오래이고 동계도 없어지고 이벤트사 직원들만 들락날락 호곡號哭 없는 장례 치러지고 한 집 건너면 거미들 우글거리는 빈집들 즐비하고 골목 골목은 적막만 휘이 휘이 감돌고 농사일도 기계 혼자 다 해대니 노인 홀로 큰 집이나 지키며 죽는 날 헤아리다 숨져 가는 계대繼代도 끊어져버려 노인 홀로 죽지 못해 근근이 살아가는 지금 그 이후에 오는 시골은 어떤 세상일까.

찼으니 기우는가

— 시골은 지금 2

반세기 전쯤엔 내 기운이 팔팔했지
대한반도 남도의 땅 끝 작은 시골에도
14만 명이나 북적북적*
고을마다 집집마다 애들은 예닐곱씩
이리저리 부대끼며 홍청망청
골목마다 땅이 꺼질 듯 쿵쾅쿵쾅
집집이 뛰노는 아이들 색색대는 거친 숨소리
방앗간 멍석엔 처녀 총각 방아 찧느라 쿵더쿵쿵더쿵
이 골목 저 골목 사방 천지에
신바람 일고 살판이 넘쳐흘렀지

차면 기우는가
해 바뀌고 강산도 서너 번 씩 흘러
지금은 고작 3만 5천여 명
마을마다 노인들만 독선기신獨善其身하니*
반세기 후쯤이면
과연 마을이 얼마나 남아있을 지

사랑이 가장 슬플 때는

사랑을 줄 곳이 없을 때지
나 사랑을 주고 싶어도 줄 데가 없어지고 있어
홀로 덩그마니 남아 갈피 못 잡아
속절없이 무너지고 있구나.

* 장흥군의 인구가 가장 많았던 때가 1969년으로 144,430명이었다. 그때를 최정점으로 이듬해부터 점차 인구수가 줄어들면서 53년이 지난 2022년 9월말 기준으로 35,856명이다.

* 독선기신獨善其身 : '독선기신'은 『맹자孟子』 '진심장구상盡心章句上'의 '맹자위송구천장孟子謂宋句踐章'에 나오는 '궁즉독선기신窮則獨善其身'에서 온 말로 원래 곤궁할 때 홀로 선을 행하면서 자신을 수양한다는 의미였으나, 뒤에 다른 사람은 어떻든 자신이 힘든 것만 생각하여 오로지 자신 한 몸의 안일만을 위해 사는 사람을 비유적으로 쓰여지고 있다.

굽은 길이 사라졌다

— 시골은 지금 3

40년 만에 고향 찾은 80대 노인이 늦은 밤 홀로 들녘을 나섰다가 새벽녘까지 헤맸다

용산댁 밭머리 길은 또랑 강진댁 논 앞에서 들녘을 가로지르던 큰 강변 여주양반 논 옆 큰 둠벙 광양댁 밭에 널브러졌던 고인돌 군 … 어딜 가도 신작로 하나 없는 울퉁불퉁 굽거나 구불구불 꼬부라지던 좁은 들길만 생각했다 그 들녘이 온통 바둑판처럼 판판해졌고 가로세로 큰 들길이 나 있어 도무지 옛 들녘은 온데 간데 사라졌다

들쭉날쭉 에돌고 굽어져
여기저기 정情도 고이고 신명도 넘쳐
농부의 정한情恨 같았던 시골길

사랑도 곡선이듯 시골길도 굽은 길이었다
굽어지고 꼬꾸라져야 사랑도 고이므로
굽지 않은 길은 시골길이 아니었다
그 시골길들이 사라졌다

정도 사랑도 머물 데가 없어 떠나가는
사람도 찾지 않은 땅에서
기생하는 이유이다.

시간

태양의 나이를 몇 억겁쯤 돌아왔을
네 안에서는 한 점
네 무한한 음역音域에는
한 개의 음표

네 노래는 항구불변이지만
내 마지막은 이미 저 만큼에 서성거리니
현현顯現했던 때도 일장춘몽 같은 것
그저 여여如如하기만 꿈꾸기엔
너무 아프고 시리다

네 안에 새겨진 모든 기억도
어제 오늘의 모든 짓거리도
끝내는 이 또한 다 스러지며 헛되리니
시방의 네 안에서 한바탕 춤사위로
내 것 모두 미친 듯 태우고 또 태우리니.

| 해설 |

'백두'에서 '들꽃'까지, 그 토포스topos와 존재론의 시세계

김 동 근

(평론가, 전남대학교 명예교수)

1.

김선욱 시인의 시집 『북간도 하늘 아래서』를 만났다. 그 첫 인상은 '우직함'이었다. 아마도 시집 제목에서부터 제재들에 이르기까지 북방 정서와 걸쭉한 사내의 목소리가 떠올랐기 때문일 것이다. 어쩌면 사진으로 본 시인의 얼굴과 수화기에서 흘러나온 탁한 음성이 오버랩 되어서였는지도 모르겠다. 그런데 그 우직함에 익숙해질 무렵 놀랍게도 외로운 사내의 절절한 그리움이 먹먹하게 차오르고 있었다. 그리고 그 그리움은 시인의 가슴 깊은 곳에 묵혀두었던 어떤 이야기들을 타박타박 풀어내고 있었다. '시'라는 존재의 집에서 이야기와 그리움이, 서사와 서정이 눅진하게 어우러져 있었던 것이다.

어디서부터였을까? 문득 그 우직한 그리움의 연원이 궁금해졌다. 짬을 내 시인의 이전 시집들을 찾아보았다. 꽃, 사랑, 그리움, 그의 시집들에 가장 많이 등장하는 시어이자 포에지의 원천이었다. 스스로 들꽃이 되어 흔들리는 시인, 세상사 어느 틈새에서나 우직하게 사랑의 자세로 견디고 있을 것 같은 시인, 그리고 그 모든 것들을 예민한 감수성과 혼자만의 그리움으로 울어내는 타고난 서정시인, 그가 바로 김선욱이었다.

이번 『북간도 하늘 아래서』의 시세계에도 꽃과 사랑과 그리움이라는 그 포에지의 원천이 변함없이 관류하고 있음을 볼 수 있었다. '꽃'은 존재의 상징이며, '사랑'과 '그리움'은 존재 발현의 두 양상이다. 따라서 김선욱 시인의 시력詩歷은 자신의 존재성에 대한 질문이자 그 답을 찾아가는 쉼 없는 여정이었던 셈이다. 다만 그 존재 지향의 여정이 전에는 무의식 속에 잠재된 채 서정적 정서로 환기되었다면, 이번 시집에 와서는 의식적으로 구체화되어 있음을 본다. 그리고 그 의식적인 구체화의 기제가 곧 '공간성' 또는 '장소성'을 의미하는 '토포스topos'가 아닐까 한다. 즉 김선욱 시의 시적 원리가 그리움의 서정성에 있다면, 그 의미화는 토포스를 통해 구체화된 존재 지향에 있다고 할 수 있겠다.

그리스어에서 기원한 토포스는 중세 수사학에서 '반복되고 관습화된 것'을 의미하였지만, 현대비평에서는 텍스트 해석의 중심모티프 개념으로 전용된다. 이푸 투안Yi-Fu Tuan은 인간과 자연환경의 관계가 기계적 결합이 아닌 감성적·정서적 결합으로 형성됨을 강조하였다. 그러면서 토포스에 필리아를 결합한 토포필리아 topophilia 즉 '장소애'라는 용어를 인간주의 지리학의 핵심 주제로 채택하였고, 이는 곧 문학작품 읽기에도 원용되었다.

토포필리아에서 강조되는 것은 지리적 경험이며, 경험적 '공간'은 인간과의 정서적 연계성을 통해 '장소'로 거듭난다. 이런 점에서 이푸 투안은 경험 현장으로서의 장소에 대한 의식·무의식적인 정서 반응에 주목하였다. 필자가 김선욱의 이번 시집을 읽고 발견한 지난 시집들과의 차이점도 바로 시세계의 배경을 이루고 있는 북간도와 고향땅 장흥의 토포스로부터 유발된 존재론적 서정성이라 할 수 있겠다.

2.

시집 1부와 2부에 수록된 시편들은 모두 북간도를 여행하면서 쓴 작품들이다. 백두산, 천지, 압록강, 두만강, 용정 땅은 북간도라는 공간적 경계에 속하면서 또 시인의 정서적 체험에 의해 의미화된 민족적, 역사적 토포스로서의 장소성을 갖는다.

소목小木도
바닥에 몸을 바짝 붙이고 기는
백두 천지에
작고 가녀린 희귀 산꽃들이
풍우 속에서도 꼿꼿이 피어나는 것은
깊고 깊은 한을
백두 몸뚱이 곳곳에 아로새겨진
깊고 깊은 상처를
숨기려는 자존 때문이다.
사람들에게 짓밟힌 영기靈氣를
산꽃으로 끊임없이 피워내며
백두가 살아있음을
증언하기 위해서이다.

-「백두산에 피는 이유 -백두산 꽃 1」 전문

시집의 문을 여는 첫 번째 작품이자 「백두산 꽃」 연작의 화두에 해당하는 텍스트이다. 이 시는 한 여행자의 단순한 기행시가 아니다. 이 시에서 '백두'는 "깊고 깊은 한"과 "깊고 깊은 상처"가 아로새겨진 장소이다. 시인에게 민족 영산으로서의 백두산은 오랜 세월 '영기'를 짓밟힌 '한'과 '상처'의 토포스로 기억된다. 그리고 이런 선험적인 기억이 다섯 편의 연작시로 이어지면서 은연중에 서사적 맥락을 연상시킨다.

이 땅의 오래된 신화와 우리 민족의 웅혼한 역사에 대한 시인의 서사적 기억이 이내 식민 체험의 아픔으로 전화되어 자신의 서정적 자아를 불러낸다. 그 서정적 자아는 작고 가녀린 '산꽃'에 투사되어 백두 몸뚱이의 상처를 숨기려는 '자존'으로 피어나고, 나아가 백두가 살아있음을 '증언'하고자 한다. 자존과 살아있음에 대한 증언이란 무엇인가? 그것은 꽃이 "백두산에 피는 이유"이며, 곧 존재에의 지향이다.

백두의 토포스를 매개로 공간과 시간, 먼 과거와 지금-이곳이 교직하고 있을 때, 시인은 현존재로서의 실존적 의미를 더 의식적으로 시화詩化해 간다. "풀꽃으로 흐드러지게 피고/ 풀꽃으로 외치고/ 풀꽃으로 일어서리"(「널 만나러 다시 가리 -백두산 꽃 2」)라는 화자의 목소리를 통해 시인의 서정적 자아를 '풀꽃'에 투사하는가하면, 그 풀꽃의 의미를 "내 눈물로 빚은 향기였음을/ 내 생이 그리 고독했음을"(「눈물로 빚은 향기 -백두산 꽃 3」)이라 인식하는 존재론적 동일성에 이른다.

「백두산 꽃」 연작시편이 서정적 자아를 '풀꽃'에 투사하고 있다면, 「천지」 연작시에서는 서정적 자아가 화자의 위치에서 '천지'를 동화시키고 있다. 따라서 이 시편들에서 시인의 정서는 의식적이라기보다는 더 직관적으로 발화되면서 그리움, 부끄러움, 슬픔 등 서정적 자아의 존재 내적 상태를 의미화한다.

애초부터 하늘땅이 맞닿아
천지가 하늘이 되고 하늘이 천지에 머물러
까마득한 날부터 푸른 그리움을
태동시켜온 천지

모든 것은 흐르고 무너진다
영속되는 건 오로지 그리움뿐이니
인간의 삶이 이어지는 동안
천지간에 영속하는 건 그리움뿐이니

사랑 후에 오는 것도
살과 뼈도 다 녹이며
목숨 태운 뒤 끝에 머물러 있는 것도
영혼의 향기 끝에서 만날 수 있는 것도
반도 최북방 한 자리에 버티어 선 채
솟구쳐 오른 백두 봉우리들이
온 땅으로 싸질러 내린 것도
다 그리움뿐이니
백두가 겨레 역사를 태동시켜 온 연유도
사랑 끝에 다시 사랑이 시작될 수 있음도
그리움 때문이니

나 그리움 내디디며
다시 천지에 오른다
백두의 사무친 그리움 한 자락
가슴으로 퍼 담으리라

-「천지에 오르는 이유 -천지 3」 전문

이 시의 정서적 지배소는 '그리움'이다. 시인은 그리움 때문에 백두산 천지에 오른다. 그렇다면 시인에게 천지가 그리운 이유는 무엇인가? 그것은 과거 경험했던 장소이거나 거기에 누군가가 기다리고 있어서가 아니다. "까마득한 날부터" 영속되는 그리움이며, "사랑 후에 오는 것", "목숨 태운 뒤 끝에 머물러 있는 것"이고, "백두가 겨레 역사를 태동시켜 온 연유"이기 때문이다. 그러기에 이 그리움은 인간적이라기보다는 다분히 신화적 상상력 속에서 배태된 그리움이다. 이제 '천지'는 백두산 정상에 위치한 지리적 공간이 아니고 서정적 자아의 존재성을 확장시키는 신화적 공간이자 원형archetype으로서의 토포스가 된다.

> 백두산 천지에 오른다 함부로 오르지 말라며 늘 비안개로 뒤덮여 허망히 발길 돌리게 하던 한민족의 나약함을 말해주는 듯 장백산으로 불리던 백두산 천지를 그리움에 겨워 뛰는 가슴으로 오른다 몽매 그리던 임 앞에 발길 돌릴지도 몰라 가슴 졸이며
>
> -「백두산 천지에 오르다 -천지4」 1연

"늘 비안개로 뒤덮여"있는 천지에서 민족의 애환을 회감하며 그리움에 "가슴 졸이"던 시인이 이젠 '한낱

관광지'가 되어버린 천지를 발견한 순간, 그 그리움은 부끄러움으로 변하고 만다. 동시에 '죄 있는 자'로서 민족적 죄인의식에 짓눌린 시인은 "눈시울이 뜨거워"지고 "어느새 메말라 버린" 현실세계의 존재자일 뿐임을 고백한다. 이런 의미구조는 다른 연작시로도 이어지는데, "제 혼 묶힌 북녘 땅에서 한라산 백록담까지"(「천지, 울고 있었다 -천지 6」) 울부짖고 있는 설움을 토로하기도 하고, "이제는 삿된 음역音域의 적막을 걷어내며/ 그만 잠에서 깨어나라"(「잠에서 깨어나라 -천지 10」)고 간절하게 소원하기도 한다. '천지'라는 특정한 토포스에 대한 연작시 형태의 구성적 전개로 인해, 필연적으로 미적 성취보다는 관념화의 위험성을 내포하고 있지만, 한편으로는 타고난 서정시인인 그에게 백두산의 토포스가 얼마나 크게 시의식의 전환을 가져왔는지 잘 보여준다 하겠다.

이렇게 그리움의 정서가 부끄러움의 자기 인식으로 전이되는 현상은 시집 2부에 실린 작품에서 더욱 심화되고 있다. 여기에서는 신화적이기보다는 역사적인 상상력이, 민족적이기보다는 민중적인 의미구조가 주로 읽힌다. 그것은 신화와 민족이 그리움의 정서를 환기해 내는 데 반해, 역사와 민중이 부끄러움의 정서를 소환하는 데 더 적합한 심리기제이기 때문일 것이다. 백두산과 천지가 시인에게 선험적 체험을 매개했다면, 압록강이나 두만강, 그리고 북간도 땅 여기저기는 식민 역사와 분단 모순이라는 현재적 체험의 트포스로 작동하고 있음을 보여준다.

북간도 용정 하늘 아래 서니 죄수라도 된 양 하늘을 우러를 수 없다
평생 한 번도 잎새에 이는 바람에 괴로워해보지 못했다
아프게 별을 헤거나 노래하지도 못했다
죽어가는 것들을 진정으로 사랑해보지도 못했다

빼앗겨버린 조국의 하늘땅을 붙들고 밤새워 눈물을 흘릴 수 있었을까
적국의 감옥에서 생체실험 주사 맞으면서도 두 눈 시퍼렇게 뜨고 항거할 수 있었을까
죽음이 찾아온다면 조국을 위해 십자가 지리라는 마음을 다질 수 있었을까
'시가 이렇게 쉽게 씌워지는 것은 부끄러운 일이다'
졸시拙詩만 줄창 써대는 나는 얼마나 부끄러워해야 하는가

까맣게 잊었다
시인의 고향에 와서야
순정한 삶 불사르며 치열하게 투영시켰던
그의 시를 알알이 뒤적거리니
염치없이 살아온 생이 부끄럽다

스무 여덟 해보다 두 배도 더 산 생이어서 더더욱 부끄럽다

남은 생 전부를 오체투지五體投地하며 통회라도
할 용기도 없으리니 부끄럽고 부끄럽다

이역만리 칠흙 어둠 속에서
여리고 여린 가슴으로 비분을 삼키다 통한에 겨워 눈감았을
그의 절대 고독 한 올이나마
간신히 가슴에 새길 뿐이다

-「부끄럽고 부끄럽다」 전문

북간도 용정 땅 명동촌은 일제 시기 마지막 저항시인 윤동주의 생가가 있는 곳이다. 시인은 이곳 명동촌에서 윤동주에 대한 헌사이자 자기 자신의 참회록을 윤동주 시의 어법으로 패러디하고 있다. "죽는 날까지 하늘을 우러러/ 한 점 부끄러움이 없기를"(「서시」), "인생은 살기 어렵다는데/ 시가 이렇게 쉽게 씌워지는 것은/ 부끄러운 일이다"(「쉽게 씌워진 시」)라고 고개 숙였던 윤동주 앞에서 시인은 "죽어가는 것들을 진정으로 사랑해보지도 못했"고, "졸시拙詩만 줄창 써대는" 자신을 "부끄럽고 부끄럽다"고 돌아본다.

'부끄러움'은 이 시뿐만 아니라 대다수의 2부 수록 작품들에 보편적 정서로 흐른다. 「압록강」 연작이나 「자작나무」 연작, 그리고 '두만강'을 노래한 작품들 모두 그 포에지의 동기가 부끄러움에서 시작한다. 그리고 그

부끄러움은 이제는 남의 땅이 되어버린, 그래서 이방인이 되어 찾아 올 수밖에 없는, 모순된 장소로서의 토포스에 대한 역사적이고 현재적인 인식에 기인한 것이다. 그러한 인식을 가장 잘 보여주는 작품이 이 시집의 표제시인 「북간도 하늘 아래서」이다.

볼 에이는 고토 용정의 겨울
한풍에 흩어지는 천년 시간을 딛고 북간도의 하늘 아래 선다
'말 달리던 선구자 지금은 어느 곳에 거친 꿈이 깊었나'
나직이 읊조리니 목이 멘다
거친 산야 내달리던 말발굽 소리
고주몽 연개소문 대조영의 한숨소리
고토 하늘을 떠도는 숱한 고혼의
신음도 귓가에 맴돈다
고토의 동토를 헤매던 선인들의
외로운 뒷모습도 눈앞에 어른거린다

(중략)

겨레의 고토여
흔적 더듬노라니
가슴 깊은 곳으로부터 울음덩어리가
울컥 울컥 솟아오르니 어찌하랴
이제 그만 어둠의 땅속에서 벌떡 일어서
퍼렇게 눈 뜨고 웅비하라

> 나 그대 오늘 길에 버선발로 마중 나가리니
>
> -「북간도 하늘 아래서」 1연, 5연

고주몽, 연개소문, 대조영이 위대한 민족 역사를 열었던 고토 북간도는 이제 남의 나라, 잃어버린 땅이 된지 오랜, 민족혼이 잠들어있는 어둠의 땅 동토일 뿐이다. "천년 시간들을 딛고 북간도의 하늘 아래 선" 시인의 역사적 상상력은 "만주벌 지나 시베리아 대륙까지 갈기 휘날리"던 고구려와 발해를 거쳐 "눈물을 뿌리며/ 내달려 온 응달의 세월" 일제 식민시기를 지나고 "살점 뜯기고 허리 잘린 채/ 뚝뚝 듣는 선혈로 물든" 동족상잔의 비극적 기억과 생생하게 마주한다. 역사적 상상력을 현재화하는 이 과정을 통해 시인의 서정적 자아는 가슴 깊은 곳으로부터 울컥 솟아오르는 '울음덩어리'가 되고, '겨레의 고토'가 "퍼렇게 눈 뜨고 웅비"하는 날 버선발로 마중 나가리라 다짐하는 '나'의 존재 인식에 이르는 것이다.

3.

시집 3부와 4부에 오면 김선욱 시세계의 토포스가 자신의 고향 남녘땅 정남진 장흥으로 이동한다. 정남진 장흥은 시인에게 고향이자 삶의 현장으로서의 '지금-이곳'이다. 고향은 누구에게나 정서의 심연이며 존재의 터전이다. 고향이 '지금-이곳'이라는 현재적 토포스로서의 의미를 가질 때, 그 고향은 인간 존재의 과거와 현재와 미래를 아우르는 삶의 근원이자 '영원성'의 장소가 된다.

시인의 백두산 시편이 잃어버린 것에 대한 그리움, 즉 죄의식과 부끄러움의 정서를 포에지로 삼았다면, 자신을 낳아주고 노년의 삶을 지탱해주는 고향땅 장흥을 토포스로 한 작품들은 한 인간으로서의 숙명적인 것에 대한 그리움, 즉 연민과 성찰의 정서를 통해 자신의 존재 이유를 드러내고 있다. 시인은 이제 백두산에 핀 '산꽃'이 아니라 고향땅에 핀 '들꽃'이 되어 노래한다. '산'이 수직공간으로서 존재에 대한 이상주의적 상상력을 내포한다면, '들'은 수평공간으로서 현실주의적 상상력을 매개한다.

임 오리라 철석같이 믿었지만
올 듯 말 듯 오지 않아 혹여 이젠 오시려나
애오라지 키만 키웠네

굽이굽이 천 리까지 닿고도 남을 그리움
가슴속은 겹겹 핏빛 멍으로 쟁여지고
아롱 아롱진 눈물은 시뻘건 핏물 되니
이생에선 만날 수 없는 필연의 운명인가
그럼에도 난데없이 찾아와

차디찬 손짓이나마 내밀어 줄까
차마 눈 감을 수 없어
핏발선 눈으로 일어섰네

종내는 오지 않아
그리움에 겨워 피울음 머금고
핏빛으로 피었네.

-「핏빛으로 피는 이유 -꽃무릇」 전문

이 시에는 앞의 백두산 시편에서 보았던 신화적이거나 역사적인 상상력이 드러나지 않는다. 시인이 '꽃무릇'과 같은 즉자적 존재가 되어 낭만적 서정성과 존재론적 상상력의 세계를 펼쳐 내고 있기 때문이다. 꽃무릇은 상사화처럼 꽃과 잎이 만나지 못한다. 붉은 낯빛의 꽃이 지고, 꽃대까지 말라버린 후에야 그 자리에서 잎이 솟아난다는 점 때문에, 우리는 흔히 그 꽃말을 빌어 와 연인 사이의 애절한 그리움을 상사병에 빗대어 말하곤 한다.

시인은 꽃무릇을 화자로 내세워 만날 수 없는 그 애달픈 마음을 "굽이굽이 천 리까지 닿고도 남을 그리움"이라 토로한다. 영영 닿을 수 없는 '필연의 운명'이기에 "차마 눈 감을 수 없어" 핏빛으로 피었다는 것이다. 이러한 상상력이 꽃무릇이나 상사화에 붙여진 관념적이고 알레고리적인 이미지에 기반하고 있다 할지라도, 여기에는 아마 김선욱 시인의 개인사에서 발원한 연민의 정서가 핏빛처럼 물들어 있으리라 본다.

꽃의 이미지와 존재성을 연민의 정서로 노래한 시는 여기서 그치지 않는다. 「지는 꽃도 꽃이다」에서는 '백목련'을 "핏빛보다 설운 순백으로 피어"나는 모진 절망의 이미지로, 「종생은 동백처럼」에서는 '동백'을 "오로지 통째로 벌겋게 불사르"는 죽음의 이미지로, 「어무니 마음」에서는 '달맞이꽃'을 "기어코 목 휜 채/ 누런 달빛 닮은 꽃"이라는 모성의 이미지로 그려낸다. 이 외에도 봄까치꽃, 목백일홍, 타래난초, 은난초, 망태버섯 등을 향한 연민의 정서가 서정적 자아의 동일시를 거쳐 시인 자신을 존재론적 시선으로 응시한다.

꽃을 매개로 한 자기 자신에의 응시는 결국 시인의 존재성을 '들꽃'으로 규정하기에 이른다. 네 편의 「들꽃」 연작시와 다섯 편의 「병상에서」 연작시는 모두 이러한 존재 인식과 지독한 자존의 아픔을 그 의미망으로 삼고 있다.

> 무도한 누군가의 거친 발짓에 허리가 댕강 부러져 숨을 놓았습니다 아프다는 말 한 마디 토해낼 겨를도 없이 눈물 한 방울 맺힐 새도 없이 두 동강난 몸뚱이 끄트머리엔 멀건 핏물이 주르륵… 다만 평생의 꿈을 활짝 피우지 못하여 아쉬웠지만 원망하진 않습니다 그나마 최선으로 불태운 그간의 내 생이 자랑스럽습니다.

들꽃으로 피어났습니다 죄다 외면하여 벌 나비가 유일한 친구였습니다 하지만 나는 이 땅의 수천억만 꽃 중에 유일무이한 한 떨기 꽃이어서 당당합니다 명명백백 한 올 흠도 티끌만큼의 부끄럼도 없기 때문입니다 아니 부끄럼은 아예 모른 채 살아왔으니까요.

-「절대 당당하므로 -들꽃 3」 1, 2연

참으로 거침없는 선언이다. 절대 당당하다니, 얼핏 안하무인으로 들릴 수 있는 이 선언이 정당할 수 있는 이유는 무엇일까? 그것은 이 선언이 시인으로서의 발화이자, 자기 존재에 대한 성찰의 잠언이며, 모든 욕망으로부터 자유로워진 '들꽃'의 노래이기 때문이다. 이제 시인은 비록 볼품없더라도 아무 거리낄 것 없는 들꽃이 되어 자신의 절대주체를 발화한다. "누군가의 거친 발짓에 허리가 댕강 부러져 숨을 놓았"을 지라도 평생을 최선으로 치열히 불태웠다는 자존의식과 "이 땅의 수천억만 꽃 중에 유일무이한 한 떨기 꽃이어서" 당당하다는 절대주체로서의 자기 인식에 다름 아닌 것이다.

그러나 강한 부정은 강한 긍정이라고 했듯이, 이 지독한 자존의식은 역설적으로 자기방어기제이기도 하다. 그것은 포에지의 원천이었던 사랑과 그리움, 그리고 설움과 부끄러움 등 서정적 자아의 정서를 애써 숨기고 있는 가면의 페르소나라 할 수 있다. 그 양상을 「병상에서」 연작시편을 통해 살펴보자.

아프다
진종일 아픔이 겨웁다
아프기에 지나온 생을 돌아보며
살아갈 생도 생각한다
돌아보니 내 삶은 아픔이었구나
생각하니 내 삶은 아프게 영위될 삶이구나

내 삶이 아픔이기에
더욱 어기차게 치열하게
살아야 하는 이유이리라.

-「삶은 아픔이다 -병상에서 1」

'들꽃'의 페르소나가 당당하게(?) 외치던 그 자존이 실은 시인에게 삶의 아픔이었음을 직설적으로 토로하고 있다. 시인은 "돌아보니 내 삶은 아픔"이라고 말한다. 돌아보는 행위란 다름 아닌 자기 성찰의 과정이다. 병상에 입원한 것은 육체적인 아픔 때문이었겠지만, 그 아픔이 육체에 그치지 않고 한 삶을 "더욱 어기차게 치열하게" 감내해야하는 것으로 치환되면서, '아픔'이야 말로 거부할 수 없는 인간 존재의 본질임을 발견하는 것이다.

그렇다면 그 '아픔'의 근원은 무엇일까? 시인은 그것을 '순리에 역행하는 것'이라 말한다. "온 누리에 순리가 무너지며/ 온갖 굶은 데가 지천인 세상"(「곪은 살은 도려내야 한다 -병상에서 2」), "순리의 경고를 무시한/ 형벌의 시간이 지배하고"(「자기 방임죄- 병상에서 3」) 등은 개인의 아픔을 넘어 세상사를 향해 던지는 경고인 셈이다. 이처럼 세상사의 여러 틈새들, 즉 시적 토포스인 고향땅 장흥에 살면서 사람 살아가는 이야기를 담고 있는 작품들이 시집 4부에 묶여있다. 우선, 시인이 경고한 존재 방식으로서의 '순리'와 연관되는 작품을 살펴보자.

바람이 분다고 지지 않는다
비가 온다고 시들지 않는다
피었으니 진다
그 길 아무도 막을 수 없지만
아파서 밤새 눈물 뿌렸으리
사철나무로 태어나지 못한 한이
칼날로 여린 가슴팍 훑어내
파르르 떨었으리

이젠 그만 헤어질 때
다시 찾아올 사랑을 위하여
곡진히 손 흔들며 원 없이 헤어지자
다른 사랑 의심하지 말자
목이 잘리는 아픔도 두려워하지 말자
마지막 한 줌의 미련도 다 끊어야 하리

우주에서 가장 빛나는 꽃으로

오로지 홀로 왔으니 홀로 간다는 마음으로
홀로 환히 빛나며 절로 소멸되리
또 다른 사랑을 꿈꾸며.

-「낙화落花」 전문

"가야 할 때가 언제인가를/ 분명히 알고 가는 이의/ 뒷모습은 얼마나 아름다운가."로 시작하는 이형기 시인의 「낙화」를 오마주하고 있는 작품이다. 때를 알고 떠나는 이의 초연함, 그것은 세상사의 순리에 따르려는 의지와 무욕의 자기희생이 선행되지 않으면 불가능한 일이다. 김선욱 시인은 꽃이 지는 이유를 "피었으니 진다"고 한다. 이 단순명료한 듯 보이는 명제는 그러나 자연의 이치를 체화한 언어이고, 무욕으로부터 더 나아간 무상의 언술이다. 무욕 무상의 상태에서 시인은 "홀로 환히 빛나며 절로 소멸되리"라는 자기 각성에 이르는 것이다. '홀로'와 '절로'야말로 지금껏 김선욱 시인이 살아온 삶의 과정이고, 남은 생을 살아 내고자하는 자세가 아닐까 한다.

이러한 삶의 자세가 4부의 작품들, 사람 사는 세상의 소소한 장면들에 시선을 맞추고 있는 여러 작품들에 두루 견지되어있음을 볼 수 있다. 「시간」에서는 "현현顯現했던 때도 일장춘몽 같은 것"으로, 「빛 그리고 어둠」에서는 "이 또한 빛의 숙명"으로, 「열엿새 달」에서는 "더 비우기를 꿈꿀 수 있어서"로, 「따뜻해지는 것들」에서는 "돌아보니 이젠 그 모든 상처도/ 환해지는 그리움"으로, 시인은 어쩌면 세상사의 모든 틈새들을 그렇게 무화시키고 있는지도 모를 일이다.

4.

김선욱 시를 지탱해온 사랑과 그리움의 서정성, 그리고 치열하게 벼려온 존재론적 의미들을 토포스의 개념에 기대어 읽어 왔다. 다 읽고 나니 '우직함'으로 느꼈던 김선욱 시에 대한 첫 인상이 썩 틀리지는 않았던 것 같다. 처음에는 투박한 듯한 언어들에서 어딘가 우직함을 느꼈던 것이고, 나중에는 한 인간으로서, 시인으로서의 그의 자세에서 우직함을 발견하게 되었으니 말이다.

김선욱 시인의 시는 곧다. 빙 에두르지 않고 죽창처럼 폐부를 찔러온다. 그의 작품에 등장하는 수많은 '꽃'의 이미지도 화려함과는 거리가 멀다. 그 꽃은 어느덧 고희古稀를 넘긴 한 시인의 핏빛 자존으로 피어난 것이었다. 백두산의 '산꽃'이든 장흥 땅의 '들꽃'이든 그것은 시인 자신인 것이다. 여기 그 스스로를 그린 「자화상2」의 마지막 연을 부연하면서, 그의 시업詩業이 더 정정淨淨한 꽃으로 영원하기를 기대한다.

“아주 절필이라도 해야 하나/ 오늘 밤 치열히 통회 기도라도 하리/ 주여, 동심 잃어버린 하찮은 영혼의 시인을/ 용서하지 마소서.”

| 해설 |

장소성場所性을 통한 상실喪失의 미학美學

—김선욱 시집 『북간도 하늘 아래서』

강 경 호

(시인, 문학평론가)

1.

인간은 '장소場所'라는 공간空間에 존재한다. 장소는 흙과 물, 식물과 동물이라는 질료적 요소들과, 그 장소에서 이루어진 풍속과 역사, 문화를 포괄하는 개념이다. 사람이 살아가는데 땅, 즉 장소가 그만큼 중요한 요소였기에 오래전부터 땅과 사람의 상호 유기적 관계를 살피고 따졌다.

게리 스나이더는 그의 『지구, 우주의 한 마을』(민음사)에서 "모든 존재는, 인간 또한, 우주라는 광대한 사막에서, 새들과 덤불이 우거진 작은 물웅덩이 옆에서 산다. '산과 강'은 지구의 역학과 운명의 은유이며 제국들보다 훨씬 오래되고 훨씬 더 큰 의미를 가진다. 사실 우리는 실재하는 장소의 작은 존재들이며, 우리가 이룰 수 있는 최선은 우리의 손과 정신과 함께 있다"고 하였다. 인간이 이룬 제국과 역사는 영원하지 않아도 장소가 기록하는 기억과 흔적은 무엇인가를 간직하고 오래 말해주는 것임을 말한다.

성경 창세기에 "태초에 하나님이 천지를 창조하시느니라" "하나님이 뭍을 땅이라 부르시고 모인 물을 바다라 부르시니……" "하나님이 땅의 흙으로 사람을 지으시고 생기를 그 코에 불어 넣으시니 사람이 생령이 되니라"라고 기록하고 있다. 이러한 말씀은 기독교적 세계관을 중심으로 한 창조적인 이야기이지만, 땅(장소)과 사람의 생성, 그리고 이 둘은 떠나서 존재할 수 없음을 상징적으로 말하고 있다.

땅과 사람의 관계를 노자는 『도덕경』에서 "사람은 땅을 본받고, 땅은 하늘을 본받고, 하늘은 도를 본받고, 도는 저절로 그러함을 본받을 뿐(人法地, 地法天, 天法道, 道法自然)"이라며 사람과 땅과 하늘과 도를 상호 연계 관계로 설명하고, 이상적인 삶을 무위자연無爲自然, 즉 땅에서 찾았다. 장자 또한 "하늘과 땅은 나와 더불어 살며, 만물이 하나(天地與我竝生 而萬物與我爲)"라고 갈했다.

하이데거 역시 "죽을 자들, 땅, 하늘, 신"의 4중 통합체가 존재를 구성하는 장소가 세상이라고 보았다. 이처럼 땅이라는 공간은 사람과는 분리하여 생각할 수 없는 것으로 인식하였다. 이것은 땅이 지각 공간의 인지와 경험이 이루어지는 바탕이기 때문이다. 삶은 그것을 구체적이고 직접적으로 경험하고, 그 경험의 맥락과 연관성 안에서 인성이 형성되고 감정이 영향을 받는 일을 배제하고는 성립될 수 없다. 인간의 경험의 인지와 대상에 대한 지각은 공간의 지각에 의해 또렷해짐을 말하는 것으로 인식할 수 있다.

2.

김선욱 시인의 시집 『북간도 하늘 아래에서』는 시제가 말해주듯 '북간도'를 비롯한 백두산, 연해주라는 특정한 장소성에 대한 시인의 감정을 노래하는데 많은 지면을 할애하고 있다. 이 장소들은 한때 우리 고대 및 구한말에서 일제강점기에 이르는 시간 동안 우리 민족 삶의 토대가 되었던 곳이며 민족 수난기에 선조들이 구국의 의지를 통해 싸운 현장이다. 특히 북간도는 고조선, 부여, 고구려, 발해 등 우리 민족의 터전이기도 하다. 특히 백두산[天池]은 민족의 성지로 여전히 신성하게 여기는 땅이다. 위에서 열거한 장소들은 오늘 남의 땅이거나 백두산처럼 현대사에서 이민족에게 반쯤 내준 것이어서 그 현장에 와서 백두산을 바라보는 시인의 감정은 몹시 불편하다. 이 불편함은 매우 복합적이어서 상실감, 분노, 죄의식, 그리움 등의 정서가 묻어있다.

주지하다시피 의미 있는 경험이 투사되어 있는 장소에 대한 애착은 매우 자연스러운 현상이다. 장소에 대한 애착은 장소애場所愛를 유발시키고 장소와 자아의 융합의 바탕 위에서 사람의 지적·도덕적·정신적, 그리고 감정적인 현상들을 작동시킨다. 그러드로 김선욱 시인의 장소, 특히 잃어버린 장소에 대한 상실감은 인간의 감성을 건드리는 매우 근원적인 현상이다.

마르크 샤갈이 벨라루스 비테프스크의 유대인 집안에서 태어나 소년시절 아버지를 따라 시나고그에 간 것은 행운이었다. 그곳에서 구약시대의 갖은 기적과 예언자 에스겔이 본 공중의 원광과 엘리야를 하늘로 실어간 수레의 형태를 마음속에 새길 수 있었다. 이러한 시나고그에서의 문화적 충격과 기억은 훗날 그가 파리에 들어가 그가 이룬 예술세계의 원형이 되었다. 시나고그라는 장소와 그곳에서의 원체험들이 샤갈의 회화 세계에 끊임없이 상상력을 제공했듯이, 김선욱 시인이 5,6회 정도에 이르는 북간도, 연해주, 백두산 여행은 그곳들이 간직한 우리민족의 서사를 바탕으로 『북간도 하늘 아래서』를 쓰게 하였다는 측면에서 장소성의 의미를 생각하게 하는 시집이라고 할 수 있다.

애초부터 하늘땅이 맞닿아
천지가 하늘이 되고 하늘이 천지에 머물러

까마득한 날부터 푸른 그리움을
태동시켜온 천지

모든 것은 흐르고 무너진다
영속되는 건 오로지 그리움뿐이니
인간의 삶이 이어지는 동안
천지간에 영속하는 건 그리움뿐이니

사랑 후에 오는 것도
살과 뼈도 다 녹이며
목숨 태운 뒤 끝에 머물러 있는 것도
영혼의 향기 끝에서 만날 수 있는 것도
반도 최북방 한 자리에 버티어 선 채
솟구쳐 오른 백두 봉우리들이
온 땅으로 싸질러 내린 것도
다 그리움뿐이니
백두가 겨레 역사를 태동시켜 온 연유도
사랑 끝에 다시 사랑이 시작될 수 있음도
그리움 때문이니

나 그리움 내디디며
다시 천지에 오른다
백두의 사무친 그리움 한 자락
가슴으로 퍼 담으리라.

-「천지에 오르는 이유-천지 3」 전문

이 작품 속의 시적 장소성은 '백두산[天池]'이 우리 민족의 시원지이며 신성한 공간임을 암시한다. "애초부터 하늘땅이 맞닿아/ 천지가 하늘이 되고 하늘이 천지에 머"무는 곳이다. 시간적으로도 "까마득한 날부터 푸른 그리움을/ 태동시켜 온 천지"라고 노래함으로서 오랜 시간동안 우리 민족과 함께해온 퇴적된 시간으로하여 그만큼 그리운 곳임을 환기시킨다. '천지가 하늘이 되고 하늘이 천지에 머'무는 곳은 하늘이 땅이며 땅이 하늘이라는 뜻이니 하늘과 땅이 하나가 됐다는 의미로, 예로부터 하늘을 우러르고 신성하게 인식한 근원적인 의식을 바탕을 배경으로 유추하여 백두산 천지를 신성성을 간직한 장소로 화자가 인식함을 알 수 있다. 그러므로 "백두가 겨레 역사를 태동시켜 온" 곳이 '백두산'이니 백두산에 오른 화자의 마음도 벅차올랐으리라.

이 작품에서 화자는 "모든 것은 흐르고 무너진다"며 영속될 수 없는 역사의 한계를 말한다. 그러므로 "영속되는 건 오로지 그리움 뿐이"라고 한다. 이 그리움은 사라진 것에 대한 애착보다 지난 역사에 대한 회한과 더불어 아쉬움일 것이다. 그것을 "사랑 후에 오는 것" "살과 뼈도 다 녹이며 목숨 태운 뒤 끝에 머물러 있는 것" "영혼의 향기 끝에서 만날 수 있는 것" 모두가 그리움 뿐이라고 한다. 그런데 화자는 "나 그리움 내디디며/ 다시 천지에 오"르는 것은 "백두의 사무친 그리움 한 자락/ 가슴으로 퍼 담"기 위한 것을 숨기지 않는다.

이 작품에서 "백두의 사무친 그리움 한 자락"을 "함부로 오르지 말라며 늘 비안개로 뒤덮여 허망히 발길 돌리게 하던 한민족의 나약함"(「백두산 천지에 오르다」)이라고 한다. 이 나약함은 백두산을 중심으로 북만주 넓은 땅을 잃어버린 역사를 암시하는 것으로 읽힌다. 오늘날 고토를 차지한 중국의 역사 왜곡 등으로 인해 우리 민족은 편치 않다. 따지고 보면 모두가 고토를 되찾지 못함, 즉 '나약함'이 가장 큰 이유일 것이다. 이러한 역사적 배경을 잘 알고 있는 시인의 자책적이고 자조적인 표현일 것이다. 그러므로 "부끄럼은 죄 있는 자의 몫이다"(「백두산 천지에 오르다 4」)라고 하는 것이다. 물론 시적 화자는 백두산 오르는 길에서 만난 자작나무들이 허옇게 발가벗었지만 거센 바람에 낮게 자라는 끈질기고 원시적인 생명력에 비해 고토를 잃은 상실감에 부끄러운 감정을 노래한 것이라고 할 수 있다.

그런 까닭에 화자는 천지가 울고 있다며 격한 감정을 드러낸다.

> 2015년 세한에 천지에 오르니
> 수억 년 비색의 신묘한 자태가 아니다
> 열없어 순백의 천으로 낯을 가린 신부다
> 곳곳에 허연 입김 토하며

순한 신부처럼 내게 안기니
가슴이 뭉개진다

무엇이 부끄러워 허옇게 분칠하고 낯을 가리었는가
여전히 온전한 낯 드러낼 때 아니어서인가
쇼윈도 미인 구경하는 듯한
사람들이 꼴불견이어서인가
아니다, 푸른 그리움이 허예지도록 기다렸구나
그도 아니다, 그리움 다 뿜어내지 못해 섧고 서러워
겹겹 빙결로 몸뚱이 가리고 속울음 삼키고 있었구나
하도 섧고 하도 목멘 울음이
쑤우 쑤우 포효하는 바람 소리 되었구나

그랬다, 천지는 울고 있었다
여름엔 푸른 그리움을 한껏 토해냈으티
이 겨울엔 허예진 그리움 토해내고도
통분이 넘쳐 비통한 통음을 뿜어내고 있으리
제 혼 묵힌 북녘 땅에서 한라산 백록담까지
만주 벌판이며 시베리아벌이며 저 바이칼호 알혼섬까지
차고 넘치도록 그리움 뿜어내고
그마저 미치지 못하여 이제는
쑤우 쑤우 울부짖고 있었다.

-「천지, 울고 있었다 - 천지 6」 전문

2015년 세한에 시인은 백두산에 올랐다고 한다. 백두산은 일찍 눈이 내리는 고산이어서 겨울에 등정하는 것이 쉽지 않지만 시인은 세한歲寒에 천지에 올랐다. 천지의 모습은 "순백의 천으로 낯을 가린 신부"라며 순결한 신부에 비유한다. 그만큼 신성한 장소임을 보여준다. 그런데 신부 같은 백두산 모습을 "무엇이 부끄러워 허옇게 분칠하고 낯을 가리었는가"라고 되묻는다. 그리고 화자는 스스로 그 질문에 대한 대답을 구한다. "그리움 다 뿜어내지 못해 섧고 서러워/ 겹겹 빙결로 몸뚱이 가리고 속울음을 삼키고 있었"기 때문이라는 것이다. 천지가 신부처럼 하얀 분을 칠하고 있는 것은, 여름날의 푸르름이 아닌 "빙결의 몸뚱이"로 속울음을 삼키기 때문이라는 것인데, "하도 섧고 하도 목멘 울음이/ 쑤우 쑤우 포효하는 바람소리"가 되었다고 한다. 한겨울이니 무척 바람이 거세 그 소리가 쑤우쑤우하고 들렸을텐데 화자는 천지가 우는 소리로 듣는다. "통분이 넘쳐 비통한 통음을 뿜어내고 있"을 것이라고 인식하기 때문이다. "제 혼 묵힌 북녘 땅에서 한라산 백록담까지/ 만주벌판이며 시베리아벌이며 저 바이칼호 알혼섬까지/ 차고 넘치도록 그리움 뿜어"낸다며 보다 구체적인 장소의 확장을 보여준다.

백두산에서 시작된 백두대간은 한반도를 뻗어내려 한라산을 일으켜 세웠다. '백두산', '북녘땅', '한라산 백록담'까지 이어지는 백두대간은 우리 민족이 대대로 살아온 땅이지만, 분단으로 인해 남북이 서로 갈 수 없는 땅이 되었다. 사람들의 왕래가 멈춘 땅은 갈라진 땅으로 하나된 장소가 아니다. 장소는 실존의 토대가 되는 매우 중요한 공간이다. 그럼에도 하나되지 못한 오늘 우리 분단의 상처를 땅의 슬픔, 이로인한 그리움의 정서가 시인으로 하여금 격한 감정을 솟구치게 한다. 이처럼 장소의 의미를 민족의 동질성同質性으로 파악하는 한편 화자는 "만주벌판이며 시베리아벌이며 저 바이칼호 알혼섬까지/ 차고 넘치도록 그리움 뿜어내고" 있다고 하는데, 이는 시적 지리를 확장시킨 것이다. 우리 민족의 시원지라고 하는 까마득한 옛날의 기억을 되짚음으로 해서 민족의 근원을 드러내고 있다. '만주벌판'은 고토이지만, '시베리아벌'과 '바이칼호 알혼섬'은 우리 민족이 한반도에 정착하기 전에 지나온 땅들이다. 화자가 고토를 호명함으로써 '고토古土'라는 말에서 느낄 수 있듯이 지금은 우리 땅이 아닌 불운하고 비극적인 역사 인식을 보여준다.

이름도 빼앗기고 사랑도 잃어버려
허구한 날 그리움에 겨워
시시때때로 몸을 감춘 채
얼마나 아파하는지
속울음을 허옇게 내뱉는다

여기저기 나뒹구는 돌멩이도

처처에 엎드린 나무들이며 산꽃들도
등성이를 휘휘 감도는 바람결도
슬픔을 내뿜는다

그 슬픔의 올들은
하늘하늘 오르다 세상 가장 높은 곳
천지에 고이고 다시 밑으로 흐르고 흐르니
백두산은 세상에서 가장 큰 슬픔의 벽
천지는 세상에서 가장 많은
눈물을 담은 슬픔의 샘

그럼에도 나는
고작 눈물 한 방울 뿌리지 못한 채
죄인 되어 하산하고 있었다.

-「슬픈 눈물샘-천지 7」 전문

이 작품에서도 '백두산[天池]'이라는 우리 민족의 성산을 "이름도 빼앗기고 사랑도 잃어버려" "속울음을 허옇게 내뱉는다"라고 고통스러움을 노래하고 있다. 주지하다시피 '백두산'이라는 지명은 우리 고유의 이름이다. 한때는 중국에서도 '백두산白頭山'과 '장백산長白山'이라는 이름으로 병기하였지만, 동북공정東北工程을 획책하면서부터는 일방적으로 '장백산'이라고 부른다. '백두폭포'라고 불러야하거늘 일찍이 '장백폭포'라고 불러왔다. 지명은 그 민족의 역사와 전통, 그리고 삶이 내재해 있기 마련이다.

그런데 이민족에게 이름마저 빼앗겼으니 민족의 혼을 유린당했다고 할 수 있다. 장소의 명칭마저 빼앗긴 상실감을 노래하는 화자의 슬픔과 고통이 고스란히 느껴지는 대목이다. 그러므로 이 작품에서 백두산의 돌멩이, 산꽃, 심지어 "등성이를 휘휘 감도는 바람결도/ 슬픔을 내뿜는다"고 하는 것이다. 이러한 상실감으로 화자는 "백두산은 세상에서 가장 큰 슬픔의 벽"이고, "천지는 세상에서 가장 많은/ 눈물을 담은 슬픔의 샘"이라는 인식에 이른다. 이러한 시적 배경에는 앞에서 지적했듯이 '분단'이라는 우리 민족의 현실이 작용하고 있다. 분단과 이로 인한 북한과 중국의 이른바 국경조약에 의해 백두산의 절반 가까운 땅을 중국측에 넘겨준 것이 가장 큰 원인일 것이다. 분단 현실은 김선욱 시인에게 백두산을 등정하는데도 다른 나라를 통해 가야하는 슬픔과 상실감을 갖게 하는데, 이러한 이유가 시인에게 이 시를 쓰게 하고 있다. 그러므로 시인은 "고작 눈물 한 방울 뿌리지 못한 채/ 죄인 되어 하산하고 있었다"며 오늘을 살아가는 민족 구성원의 한 사람으로 죄의식을 갖는다.

백두산을 노래한 김선욱 시인의 연작시에는 백두산을 그리움의 대상으로 여기는 대목이 많이 등장한다.

"네 그리워 한달음에 달려왔다"(「무정한 천지 - 천지 2」),

"백두의 사무친 그리움 한 자락"(「천지에 오르는 이유 - 천지 3」), "천지를 그리움에 겨워 뛰는 가슴으로 오른다"(「백두산 천지에 오르다 - 천지 4」), "푸른 그리움이 허예지도록 기다렸구나"(「천지, 울고 있었다 - 천지 6」), "태초부터 묵히며 갈무리해온 그리움"(「잠에서 깨어나라 - 천지 10」). 이 밖에도 그의 작품 곳곳에서 백두산을 그리움의 대상으로 인식하고 있다. 이것은 백두산을 단순한 장소성에 대한 화자의 감정을 토로하는 대상으로 인식하는 것이 아니라는 의미이다. 백두산(실은 '天池'도 백두산의 구성요소 중 하나이다.)이라는 장소가 앞에서 밝혔듯이 우리 민족의 기원의 고처일 뿐만 아니라, 우리 민족을 '백두산족白頭山族'이라고 일컬을 만큼 백두산은 상징적 의미를 갖고 있다. 그러므로 백두산을 우리 땅으로 가지 못하고 일부조차 빼앗겼으니 화자는 죄의식과 함께 그리워하는 것이다. 이 그리움을 해소하기 위해서는 분단상황을 극복하고 백두산을 우리의 땅으로 온전히 회복해야 함을 시인은 시를 통해 끊임없이 노래한다.

그런 까닭에 시인은 「잠에서 깨어나라 - 천지 10」에서 부르짖는다

안개비 뿌리면
하늘 끝으로만 피어 올리던 돌풍의 장막 속에 갇혀
태초부터 묵히며 갈무리해 온 그리움

이제는 부신 눈물로 쏟아내며
잠에서 깨어나라

은혜가 말라버린 땅에
홀로 시린 등걸로 잠든 천지여
이제는 삿된 음역音域의 적막을 걷어내며
그만 잠에서 깨어나라.

-「잠에서 깨어나라 - 천지 10」 전문

필자는 백두산에 대여섯 번을 올랐다. 오를 때마다 예측 불가능한 백두산의 기상은 때로 온전한 모습을 보여주기도 하지만, 때로 안개에 가리워 천지를 보여주지 않을 때도 있다. 오래 기다리면 언제 그랬느냐는 듯 안개가 장막을 거두듯이 물러나 푸른 백두산 천지를 보여주기도 한다.

화자 역시 이러한 백두산의 일기를 경험하며 "이제는 부신 눈물 쏟아내며/ 잠에서 깨어나라"고 한다. 지금껏 "안개비 뿌리면/ 하늘 끝으로만 피어 올리던 돌풍의 장막 속에 갇혀/ 태초부터 묵히며 갈무리해 온 그리움"은 백두산을 흠모하며 그리워해온 우리 민족의 역사가 근원적인 슬픔이었음을 묘파하며, 이제는 그 슬픔에서 벗어나야 한다는 화자의 인식을 알 수 있게 한다. 아직도 분단이 계속되어 "은혜가 말라버린 땅" "홀로 시린 등걸로 잠든 천지"인 까닭이다. 그러므로 "이제는 삿된 음역音域의 적막을 걷어내며/ 그만 잠에서 깨어나라"며 반복적으로 "잠에서 깨어나라"는 외침을 통해 상실감을 극복해야 한다고 하는 것이다.

3.

'시는 정서의 등가물等價物이다'. 시인의 삶에서 만나는 정서 중 내면에 침잠해 있는 것들이 어떤 계기를 통해 다시 표면화되고 이를 형상화한 것이 서정시이다. 깊은 감흥을 주는 시는 시인의 '정서적 사건'이라는 체험에서 비롯될 때 더 감동적이다. 특정한 정서적 사건들의 기억은 시인의 정서와 조우하면서 시적 발화를 하게 된다.

그동안 김선욱 시인의 시 세계는 유년의 순수했던 추억과 병상에서 투병하는 아내를 지켜보는 안타까움, 그리고 아내를 떠나보낸 죄의식과 그리움, 더불어 단독자單獨者 인간으로서의 외로움과 실존에 대한 통찰을 보여왔다.

그러나 이번 시집 『북간도 하늘 아래서』는 앞에서 살펴보았듯이 지금까지 김선욱 시인이 보여준 시적 경향과는 다른 양상을 보여준다.

> 압록강으로 유람선이 뜨자 북녘 강가에 열두세 살 남짓의 한 소녀가 망태기에 담긴 햇감자 씻으러 강가로 내려

온다 가녀린 손으로 연신 무얼 달라는 듯한 손짓에 모터보트 멈춰 선다 담배는 되팔아 살림에 보탠단다 운전기사가 담배 줄 거니 받겠느냐며 수신호 보내니 돈을 헤는 간절한 손짓이 이어진다 빈 패트 병에 지폐 구겨 넣어 내던지려는 찰나 강둑에서 제 키만한 장총을 멘 어린 병사 어슬렁어슬렁 움직거리니 소녀는 화급히 단호히 거부하는 손짓을 훼훼 내젓고는 강둑으로 오르고 만다 뽀얀 감자 망태기 머리에 얹은 채로

소녀의 물기 어린 눈망울이
종일 눈에서 어른거린다.

-「압록강 소녀의 눈물」 전문

이 작품은 김선욱 시인이 북한과 인접한 중국의 변경에서 북녘땅을 바라본 감정을 형상화한 것이다. 중국측 압록강에서 유람선을 타고 "북녘 강가에 열두세 살 남짓의 한 소녀가 망태기에 담긴 햇감자 씻으러 강가로 내려"오는 모습을 본다. 그런데 소녀는 "연신 무얼 달라는 듯한 손짓"을 보낸다. 모터보트에서 던져 준 담배를 팔아 살림에 보태 온 소녀는 수신호를 보내며 담배를 요구하는 것이다. 이때 장총을 멘 어린 병사가 나타나자 소녀는 강둑으로 오르고 만다.

이러한 모습을 지켜본 시적 화자는 "소녀의 물기 어린 눈망울이/ 종일 눈에서 어른거린다." 시인은 오랜 시간 동안 북녘의 어린 소녀가 떠올랐고, 마침내 시를

통해 자신의 감정을 시로 형상화시켰다. 국경을 수비하는 북녘의 병사에게 발각되면 이에 따른 혹독한 책임을 묻기 때문에 단속에 걸리지 않기 위해 소녀는 "뽀얀 감자 망태기 머리에 얹은 채로" 황급히 강둑으로 오르고 만다. 시인은 구체적인 사건을 통해 북녘의 실상을 보여준다. 더불어 이 작품의 배면에는 분단의 아픔과 비극적인 현실이 있음을 암시하고 있다.

이 작품과 궤를 같이하는 「두만강변에서」 또한 갈 수 없는 우리 땅에 대한 아픔과 그리움을 아프게 노래하고 있다. "네가 바다로 흐르는 것은/ 누구도 막을 수 없는 너만의 자유"라며 두만강의 막을 수 없는 흐름을 '자유'라고 하면서도 "이 세상과 저 세상의 경계처럼 서있는 민둥산"이라며 북녘땅을 아프게 바라본다. 그러나 "그 너머는 보이지 않는다"며 헐벗고 갈 수 없는 땅을 그리워한다.

두만강 푸른 물은~ 나이 들며 잊고 살았던 두만강 푸른 물을 처음으로 맞닥뜨렸지만 별다른 감흥이 일지 않았어 가이드가 행선지를 투먼[圖們]의 두만강이라고 말했을 때 가슴이 두근거렸지 사람들은 두만강과 북녘 땅을 배경으로 사진 찍느라 분주했지만 나는 한동안 우두커니 선 채 100여 미터 폭의 강과 강 너머 을씨년스러운 북녘 땅을 바라보기만 했어 나무 한 그루 없는 민둥산 김 부자 사진이 걸려있는 기차역 선전 문구도 보이는 자그마한 소촌이 강 건너에 말없이 엎드려 있었지 상상했던 큰 호수 같은 두만강이 아니었어 장흥 탐진강변을 보는 듯했어 전날의 폭우 때문인지 온통 흙탕물이었어

사람들이 두만강 광장 건너에 정차된 버스 쪽으로 가고 있을 때 근처 상가 어디선가 난데없이 눈물 젖은 두만강이 애절한 목소리로 흘러나왔어 그리운 내 임이여 그리운 내 임이여 언제나 오려나 노래 따라 흥얼거리며 한 걸음 한 걸음 내디딜 때마다 가슴이 울렁거리기 시작했어 그 울림은 어느 찰나 북채로 두들기듯 둥둥 소리 내며 철썩철썩 파문을 일으키더니 머리통 끝까지 차올라 넘쳐흘렀어 간신히 버스에 올라 맨 뒷좌석에 앉아 앞 의자 등받이에 머리를 묻은 채 꺼억꺼억 토해지는 울음 덩이를 손바닥으로 가까스로 틀어막아 눈물을 흘려댔지 눈앞에는 두만강의 푸른 물이 넘실넘실 댔어 무엇 때문에 가슴이 울렁대고 눈물을 흘렸는지 그 까닭을 모르겠어.

-「두만강 푸른 물」 전문

「두만강 푸른 물」도 위의 작품들처럼 노래로만 들었던, 지금은 관광지로 전락해버린 두간강 가에 와서 "사람들은 두만강과 북녘땅을 배경으로 사진 찍느라 분주했지만" 화자는 "한동안 우두커니 선 채 100여 미터 폭의 강과 강 너머 을씨년스러운 북녘 땅을 바라보기만" 한다. 나무 한 그루 없는 산, 김부자 사진이 걸려 있는 기차역 선전문구에 옛 노랫 속의 두만강이 아닌 것에

대해 놀랐기 때문일 것이다. 그때 들려온 '눈물 젖은 두만강'이라는 애절한 노랫소리 중 "그리운 내 임이여 그리운 내 임이여 언제나 보려나"에 가슴에 파문이 인다. '언제나 오려나' 쯤이었을까? 흘러내리는 눈물의 의미를 화자는 "무엇 때문에 가슴이 울렁대고 눈물을 흘렸는지 그 까닭을 모르겠"다고 한다. 그것은 분단의 아픔과 그리움과 그러한 비극적 현실 때문이라는 것을 너무나 잘 알고 있는 역설 화법이다.

한 발만 내디뎌도
맞닿을 땅인데도 까마득하다
어제는 남이 볼까 부끄러워
물안개 피워 가로막더니
오늘은 아지랑이 피워
그리움을 쏟아낸다

북녘 땅은
깊이를 알 수 없는
늪지
한 치 앞을 내다볼 수 없는
안개 속.

-「북녘 땅」 전문

한중 국경 중국 쪽에서 바라본 북녘땅에 대한 그리움과 분단의 비극을 노래한 작품이다. "한발만 내디뎌도/

맞닿을 땅인데도 까마득하다"고 지척인데도 갈 수 없는 우리 땅에 대한 시인의 절망은 이 작품에서도 이어진다. 우리 땅이면서도 갈 수 없는 현실을 화자는 "어제는 남이 볼까 부끄러워/ 물안개 피워 가로막더니/ 오늘은 아지랑이 피워/ 그리움을 쏟아낸다"고 한다. 내 땅인데 내가 갈 수 없으니 부끄러운 일이다. 그렇지만 이러한 사연은 간단하지 않음을 우리는 너무나도 잘 안다. 화자가 북녘을 그리움과 안타까운 마음으로 지척에서 바라보던 날은 마침 봄날이었는가 싶다. 그리움처럼 아지랑이가 하늘거리는 날 "북녘땅 깊이를 알 수 없는/ 늪지"라고 인식한다. 갈 수 없는 땅이기 때문이다. 그러므로 "안개 속" 같다고도 하는 것이다. 이 작품에서 '물안개', '아지랑이'라는 자연현상을 '물안개'라는 기표基表를 '부끄러움'의 기의基意로, '아지랑이'라는 기표를 '그리움'의 기의로 북녘땅에 대한 화자의 인식 태도를 보여주고 있기 때문이다.

「압록강 2」에서도 분단의 상처를 구체적으로 보여주고 있다.

거무튀튀한 옷 걸쳐 입은 채
한쪽 다리는 잘리었고
한쪽 팔뚝도 뭉그러지고
등허리며 엉덩이 여기저기
수 없는 총구멍으로

숭숭 뚫린 채 누웠는가

하늘 보기도 부끄러워
물속에 얼굴 처박은 채
백년 고독이 밴 휘어진 등짝만 드러내고
그리 누웠는가

나 보기도 부끄러운가
돌아보지도 않는구나.

-「압록강 2」 전문

"거무튀튀한 옷 걸쳐 입은 채/ 한쪽 다리는 잘리었고/ 한쪽 팔뚝도 뭉그러"진 모습이 마치 상이용사를 묘사해 놓은 것 같다. 그러나 "등 허리며 엉덩이 여기저기/ 수 없는 총구멍으로/ 숭숭 뚫린 채 누"워 있는 것은 틀림없이 한국전쟁 때 파괴된 옛 압록강 철교의 잔해이다. 화자는 이러한 압록강 철교를 바라보며 "하늘 보기도 부끄러워/ 물 속에 얼굴 처박"고 있다 한다. 우리 민족이 외세에 의해 좌지우지 당하며 유린당한 역사에 대한 부끄러움을 시적 화자는 압록강 철교를 통해 드러내고 있다. 그러면서도 "나 보기가 부끄러운가/ 돌아보지도 않는구나."하며 역설적으로 화자 자신의 부끄러움을 나타내는 방식이 능청스럽다.

4.

백두산, 두만강, 압록강, 그리고 지척에 바라보이는 북녘땅에 머물던 시인의 시선은 북간도로 이동한다. 윤동주 시인의 고향인 용정에서 윤동주 시인을 만나고 생각에 잠긴다.

북간도 용정 하늘 아래 서니 죄수라도 된 양 하늘을 우러를 수 없다
평생 한 번도 잎새에 이는 바람에 괴로워해보지 못했다
아프게 별을 헤거나 노래하지도 못했다
죽어가는 것들을 진정으로 사랑해 보지도 못했다

빼앗겨버린 조국의 하늘땅을 붙들고 밤새워 눈물을 흘릴 수 있었을까
적국의 감옥에서 생체실험 주사 맞으면서도 두 눈 시퍼렇게 뜨고 항거할 수 있었을까
죽음이 찾아온다면 조국을 위해 십자가 지리라는 마음을 다질 수 있었을까
'시가 이렇게 쉽게 씌워지는 것은 부끄러운 일이다'*
졸시拙詩만 줄창 써대는 나는 얼마나 더 부끄러워해야 하는가

까맣게 잊었다
시인의 고향에 와서야
순정한 삶 불사르며 치열하게 투영시켰던
그의 詩를 알알이 뒤적거리니

염치없이 살아온 생이 부끄럽다

스무 여덟 해보다 두 배도 더 산 생이어서 더더욱 부끄럽다
남은 생 전부를 오체투지五體投地하며 통회라도
할 용기도 없으리니 부끄럽고 부끄럽다

이역만리 칠흑 어둠 속에서
여리고 여린 가슴으로 비분을 삼키다 통한에 겨워 눈감았을
그의 절대 고독 한 올이나마
간신히 가슴에 새길 뿐이다.

-「부끄럽고 부끄럽다」 전문

주지하다시피 용정龍井은 구한말 우리 선조들이 개척한 마을이다. 허허벌판에 용두레 우물을 파고 사람이 살 수 있게 개척한 땅이다. 윤동주 시인의 선대들도 이곳으로 이주해 와 교회를 세우고 동포들에게 민족의식을 고취시켰다. 김선욱 시인은 윤동주 풍으로 "북간도 용정 하늘 아래 서니 죄수라도 된 양 하늘을 우러를 수 없다"고 고백한다. 윤동주 시인은 시를 통해 "잎새에 이는 바람에도 괴로워한다"고 했다. 그리고 "죽어가는 것들을 사랑하겠다"고 했다.

그러나 김선욱 시인은 윤동주 시인처럼 살지 못해왔음을 스스로 고백하며 부끄러워한다. 윤동주 시인이 일

본 도지샤 대학에 진학하기 위해 어쩔 수 없이 1942년 1월 29일 창씨개명[平沼東柱]한 것에 대해 부끄러워했던 것(창씨개명을 수치스러게 생각한 윤동주는 창씨개명 나흘 전 「참회록」을 썼다.) 과는 비교할 수 없는 시인의 부끄러움은 윤동주 시인이 "빼앗겨버린 조국의 하늘 땅을 붙들고 밤새워 눈물을 흘"렸기 때문이고, 민족운동가(일본 사법성 형사국 발행의 법원기록에 윤동주의 죄목을 '경도에 있는 조선인 민족주의 그룹사건'으로 '조선독립운동'이라고 기록하고 있다)로 "적국의 감옥에서 생체실험 주사 맞으면서도 두 눈 시퍼렇게 뜨고 항거"했기 때문이다. 더불어 "시가 이렇게 쉽게 씌어지는 것은 부끄러운 일이다"며 인간다움과 항일운동에 더욱 충일해지고 싶은 심정을 노래한 윤동주 시인의 '순수'와 '조국애'를 닮지 못한 김선욱 시인의 고백은 "시인의 고향에 나서야/ 순정한 삶 불사르며 치열하게 투영시"킨 "그의 시를 알알이 뒤적거"리며 비로소 윤동주 시인의 진정성을 이해한 까닭이다.

볼 에이는 고토 용정의 겨울
한풍에 흩어지는 천년 시간을 딛고 북간도의 하늘 아래 선다
'말 달리던 선구자 지금은 어느 곳에 거친 꿈이 깊었나'
나직이 읊조리니 목이 멘다
거친 산야 내달리던 말발굽 소리
고주몽 연개소문 대조영의 한숨 소리

고토 하늘을 떠도는 숱한 고혼의
신음도 귓가에 맴돈다
고토의 동토를 헤매던 선인들의
외로운 뒷모습도 눈앞에 어른거린다

일망무제로 창창히 흘러야 할 해란강
얼음장 밑에 몸뚱이 감추고 봄을 기다리는가
고토의 그리움은 죄다 땅속에 웅크린 채 화석이 되어버렸는가
들불처럼 일어나 만주벌 지나 시베리아 대륙까지 갈기 휘날리며
두만강에서 압록강으로 송화강에서 흑룡강으로
치달리던 날들을 회억하며 묵시의 봄날을 기다리는가
수천만 됫박에 담아도 넘칠 눈물을 뿌리며
내달려 온 응달의 세월도
네 얼굴 할퀴고 살점 뜯기고 허리 잘린 채
뚝뚝 듣는 선혈로 물든 산하도 퍼질러 누웠는가

입 다문 채 두 눈 부릅뜨고 눈길 머무는 곳곳
눈 덮인 휑한 산야
한글 적힌 간판이 내걸린 건물들
발부리에 채이는 돌멩이 하나에도
겹겹 쟁여있는 통음을 가슴에 담는다

겨레의 고토여
흔적 더듬노라니

가슴 깊은 곳으로부터 울음덩어리가
울컥 울컥 솟아오르니 어찌하랴
이제 그만 어둠의 땅속에서 벌떡 일어서
퍼렇게 눈 뜨고 웅비하라
나 그대 오는 길에 버선발로 마중 나가리니.

- 「북간도 하늘 아래서」 전문

시집의 표제 작품으로 시적 배경, 즉 장소가 용정으로 무대가 확장되었다. "고주몽 연개소문 대조영"이라는 역사 인물을 통해 멀리로는 고구려와 발해, 그리고 "'말 달리던 선구자 지금은 어느 곳에 거친 꿈이 깊었나'"라는 '선구자' 노랫말을 인용한 것에서 알 수 있듯 독립운동가들이 활동했던 구한말에서 일제강점기가 이 작품의 장소성을 말해준다. 한때 우리 땅이었던 고대 우리 민족의 잃어버린 역사와 이로 인해 빼앗긴 고토에 대한 그리움과 상실감을 "한숨 소리", "신음", "선인들의 외로운 뒷모습"으로 형상화시킨다.

이 상실감과 비관적 인식은 "고토의 그리움은 죄다 땅속에 웅크린 채 화석이 되어 버렸는가"하고 탄식한다. 지금은 우리 땅이 아닌 고토에서 "수천만 됫박에 담아도 넘칠 눈물을 뿌리며/ 내달려 온 응달의 세월"이 함의하듯 옛 땅을 잃은 슬픔과 상실감을 드러낸다. 더불어 "네 얼굴 할퀴고 살점 뜯기고 허리 잘린 채/ 뚝뚝 듣는 선혈로 물든 산하로 퍼질러 누웠는가"라고 하면서 현대사의 비극을 아프게 노래한다. 그러면서도 "이제 그만 어둠의 땅속에서 벌떡 일어서/ 퍼렇게 웅비하라"며 만주벌판을 달리던 선조들처럼 대륙을 호령하며 역사의 무대에서 웅비하기를 소망한다.

「태릉왕릉에서」는 고구려의 사라진 옛 영화를 아프게 바라보며 그리워한다. 그러면서 "산 옮기고 강을 퍼올리던 옹골찬 기개는 어느 산하에 묻혔는가" "망국의 흔적이 가슴을" 친다며, 이러한 역사는 "후인들이 심히 미약"했기 때문이었다고 성찰과 더불어 "여전히 이국에 내버려 둘 수밖에 없음에 통탄"한다고 상실감을 드러낸다.

5.

지금까지 김선욱 시인의 시집 『북간도 하늘 아래서』를 살펴보았다. 이번 시집에 대한 필자의 글이 주로 1부와 2부의 작품에 대해 집중한 것은 김선욱 시인의 시에서 민족의식을 드러낸 특별한 경우이며, 최근에 이르러 거대 담론이 사라진 우리 시단에서 이례적으로 목소리가 굵은 작품세계를 보여주기 때문이다.

앞에서 살펴보았듯이 그의 작품에서 특히 주목되는 것은 시적 배경인 장소의 확장이다. 분단 이후 우리 시는 휴전선 아래 남녘을 벗어나지 못한 경우가 대부분이다. 물론 서정주나 오세영 등 몇몇 시인의 세계 기행 시편에서 시의 장소가 확장되기도 하였지만, 그것들과는 다르게 김선욱 시인의 『북간도 하늘 아래서』는 순전히 우리 민족의 역사와 삶, 그리고 분단과 관련하여 우리의 고토와 갈 수 없는 땅에 대한 그리움과 죄의식, 그리고 상실감이라는 비극적 세계관을 보여주기 때문에 의미가 크다고 할 수 있다.

오늘 우리 민족의 시원에서부터 시작하여 넓은 대륙을 활동무대로 삼았던 선조들의 삶을 회고한다. 더불어 그 땅을 지키지 못한 회한의 죄의식과 그리움, 그리고 상실감을 격정적으로 드러내는데, 이것은 단순한 분노의 표시뿐만 아니라 성찰을 바탕으로 한 것이어서 그 의미가 가볍지 않다. 주지하다시피 땅, 즉 장소는 언어言語처럼 그 민족의 역사와 전통, 그리고 그 땅에서 살았던 사람들의 삶과 정신이 배어있는 곳이다. 그러므로 땅을 잃은 것은 마찬가지로 언어를 잃은 것과 같다. 장소라는 공간이 삶의 토대이기 때문이다.

앞에서 밝혔듯이 이번 시집은 특별한 시적 기교도 보여주지 않은 직설화법의 독자 친화적인 언어로 감정을 쏟아내고 있다. 지금껏 보여준 김선욱 시인의 시적 문법과는 매우 다른 모습을 보여주는 시집이다. 이렇듯 그가 감정을 감추지 않고 있는 시적 태도를 통해 시인으로서, 또는 민족 구성원의 한 사람으로서 얼마나 뜨거운 가슴을 지녔는지를 충분히 짐작하게 한다.

고토와 가지 못하는 땅, 즉 장소에 대한 사랑은 실존과 정체성의 중심으로 경험된다. 문학지리학literary geography을 통해 그 애달픈 정분의 심리적·문화적 맥락을 찾아내고 그것에 합당한 이름을 붙여주는 것이 시인의 책무이다. 뛰어난 시인들은 제 몸의 기억 안쪽에 새겨진 장소를 불러내 눈부신 상상력을 통해 지은 옷으로 불멸화한다. 시인들의 상상 속에서 북간도를 비롯한 잃어버린 땅과 우리 땅이면서 가지 못하는 북녘땅을 호명하는 김선욱 시인의 장소성에 대한 통찰과 상실감은 우리의 핏속에 흐르는 원체험의 자리, 지울 수 없는 의미의 영역임을 깨우치고 있다. 그러므로 김선욱 시인의 시집 『북간도 하늘 아래서』가 우리의 역사와 민족의식, 그리고 분단에 대한 상처를 다시금 환기시키는 계기가 되기를 바란다.

김선욱 시집

북간도 하늘 아래서

2022년 11월 10일 인쇄
2022년 11월 20일 발행

지은이 | 김 선 욱
펴낸이 | 강 경 호
발행처 | 도서출판 시와사람
등　록 | 1994년 6월 10일 제 05-01-0155호
주　소 | 광주시 동구 양림로119번길 21-1(학동)
전　화 | (062)224-5319
E-mail | jcapoet@hanmail.net

ISBN 978-89-5665-656-4 03810

값 15,000원

공급처 ■ 한국출판협동조합
경기도 파주시 적성면 적성산단3로 10 (적성일반산업단지 내)
주문전화 (02)716-5616, 070-7119-1740